글쓰기의 실제

글쓰기의 실제

초판 1쇄 발행 2025년 8월 22일
지은이 최준우
펴낸곳 (주)에스제이더블유인터내셔널
펴낸이 양홍걸 이시원

주소 서울시 영등포구 영신로166
구입 문의 02)2014-8151
고객센터 02)6409-0878

ISBN 979-11-6150-549-7 13800

이 책은 저작권법에 따라 보호받는 저작물이므로 무단복제와 무단전재를 금합니다.
이 책 내용의 전부 또는 일부를 이용하려면 반드시
저작권자와 (주)에스제이더블유인터내셔널의 서면 동의를 받아야 합니다.

초보자를 위한 글쓰기 기초 안내서

글쓰기의 실제

최준우 지음

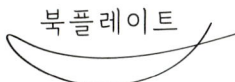

목차

서문 ... 6

PART 1 글쓰기의 기술

CH 1. 글쓰기를 해야 하는 이유 ... 14

CH 2. 단문쓰기 ... 25

CH 3. 문장 성분의 호응 ... 36

CH 4. 적절한 단어 쓰기 ... 42

CH 5. 문단 쓰기 ... 49

CH 6. 개요 짜기-내용 생성하기 ... 61

CH 7. 문장에서 중의성 제거하기 ... 64

CH 8. 고쳐 쓰기 ... 67

PART 2 장르별 글쓰기

CH 1. 생활시 쓰기 ... 76

CH 2. 초단편 소설 / 스마트 소설 쓰기 ... 99

CH 3. 수필 쓰기 ... 103

CH 4. 문학 감상문 / 영화 감상문 쓰기 ... 113

CH 5. 기행문 쓰기 ... 122

CH 6. 설명문 / 논설문 쓰기 ... 132

CH 7. 일기 / 편지 쓰기 ... 135

CH 8. 블로그에 글쓰기	138
CH 9. 공모전 글쓰기	140

PART 3 글쓰기 과정

CH 1. 브레인스토밍과 키워드 글쓰기	146
CH 2. 이력서 / 자기소개서 쓰기	149
CH 3. 제목 붙이기	152
CH 4. 글쓰기 바로 시작해보자	154
CH 5. 독서 방법	161

글쓰기 지도 25 규칙   164

부록   165

2024 황순원 스마트 소설 당선작

최준우 교수 칼럼

[편지글] Sophia의 편지

[생활시] 이별

[일기] 육아 일기

서문

군대에서 있었던 일이다.

국문학과를 다니다 왔다는 이유로 작전 장교는 글쓰기 업무만 생기면 나를 불렀다. 정해진 시간까지 부여받은 글을 겨우 써 가면 작전 장교는 '아예 소설을 써라' 하면서 핀잔을 주었다. 그러면서도 글쓰기 업무가 생기면 나를 찾았다. 그 이유는 알 수 없었다. 또 고참(선임병)들은 연애편지를 쓰라고 강요하곤 했다. 제대로 연애 한번 못한 이가 사랑이 뭔지도 모르면서 제대로 된 연애편지를 쓸 수 있었겠는가? 힘겹게 편지지를 채워 가면 그것을 읽은 고참들은 뒤통수를 갈기기 일쑤였다.

일병 말미에 사단 정훈과에 투고한 글이 운 좋게 사단회보에 실려 국문과 학생이었다는 것이 거짓이 아니었음을 겨우 증명은 했지만, 당시 나에겐 글쓰기가 적잖이 고통이었다. 그리고 그 고통은 꽤 오랜 기간 지속되었다.

전역 후 등록금을 벌기 위해 들어간 논술학원에서 학생들에게 논술 과목을 지도할 때에는 적잖이 곤혹스러웠다. 주어진 제시문을 읽고 분석하는 것은 그리 어렵지 않았지만 모범 답안 격인 글을 써야 할 때에는 정말 죽을 맛이었다. 몇 달을 전전긍긍하다 결국 등록금을 충당하기 위해 다른 일을 선택해야만 했다. 대학 졸업 후 짧지 않은 직장 생활을 하다가 아쉽게 접은 공부를 다시 하기 위해 입학한 대학원에서 논문을 쓸 때까지도 글쓰기의 고통은 여전히 이어졌다. 글쓰기에 대해서 선생님으로부터 여러 지적을 받았다. 그런데 한참 나이 어린 후배들은 선생님들로부터 칭찬을 받았다.

왜 그럴까, 생각해 보았다. 필자가 신입생이었을 때 당시 1학년 졸업 필수 과목은 한문이었다. 그런데 필자보다 몇 년 늦게 대학에 입학한 나이 어린 후배의 졸업 필수 과목은 글쓰기였다. 후배들은 글쓰기에 대한 강의를 듣고 이에 대해 체계적으로 공부를 한 것이었다. 필자는 국문과 학생이었지만 정작 글쓰기에 대해서는 제대로 공부를 한 기억이 없었다. 그 후 대학 선배가 쓴 글쓰기 학습서도 읽어보고 유시민, 은유와 같은 유명한 글쓰기 작가가 쓴 글을 읽어보면서 새롭게 눈을 뜨게 되었다.

글쓰기 작업을 수행할 때마다 느꼈던 글쓰기의 고통이 해소되고 두려움이 사라지자 글쓰기가 전혀 다르게 다가왔다. 상당한 재미가 있었다. 늦게 배운 도둑질 날 새는 줄 모른다고 이곳저곳에 글을 쓰고 다녔다. 동시에 글쓰기에 관한 책도 계속해서 읽어나갔다. 글쓰기를 하면서 가졌던 의문점 몇 가지도 책을 처음 읽으면서 자연스럽게 해결되었다. 전에 보지 못했던 내 글쓰기의 문제점도 보이기 시작했다. 전에 읽으면서 그냥 지나쳤던 글쓰기 작법도 새롭게 보였다. 그러면서 소위 글쓰기의 고급 기술을 익히게 되었다.

글쓰기가 두렵지 않고 재미있게 되자 다양한 곳에 글을 썼다. 그러면서 전에 느끼지 못했던 새로운 감정을 느끼게 되었다. 단순한 즐거움을 넘어선 그 무엇, 처음에는 그것을 뭐라고 단정 지어 말하기가 쉽지 않았다. 곰곰이 생각한 끝에 그러한 감정을 '성장에서 느끼는 자신감'이란 짧은 글로 요약할 수 있었다.

쓰기는 기본적으로 읽기를 전제로 한다. 이런 이유로 윤기 있는 글쓰기를 하기 위해서 읽기도 소홀히 하지 않았다. (글을 쓰는 사람은 항상 좋은 글을 읽고 있어야 한다. 작가가 글을 쓸 때 동 시간대에 읽고 있는 책이 - 전혀 관련이 없더라도 - 어떤 식으로든 반영되기 때문이다.) 읽기와 쓰기의 선순환이 이루어지자 단순한 재미를 넘어서 나의 글이 좋아지고 있다는 느낌을 받았다. 그리고 그것은 자신감을 불러일으켰다. 쉽게 말해 성장하고 있었던 것이다. 성장의 크기는 중요하지 않다. 성장 그 자체가 적지 않은 만족감을 가져다준다.

이 책에서 말하는 글쓰기는 문학적 글쓰기가 아니다. 예술적인 글을 쓰는 방법에 대해서 논하는 것이 아니다. 일상 생활과 관련된 글쓰기, 대학생이라면 리포트와 같은 글, 회사에서는 보고서와 같은 글을 대상으로 하는 글쓰기이다. (전반적인 글쓰기 능력을 향상하기 위해 일부 문예적인 글의 형식을 차용한 글쓰기 장르를 덧붙였다.) 한 유명 작가의 말에 따르면 여기서 논하는 글쓰기는 운전과 같은 것이다. 운전과 같은 하나의 '기술로서의 글쓰기'라는 기술을 익히는 것을 의미한다. 관심을 가지고 좀 더 신경 써서 연습하면 당연히 잘할 수 있는 글쓰기를 말하는 것이다.

글쓰기 입문자는 '글쓰기는 특별한 것이다.'라는 선입견을 가지지 않는 것이 중요하다. 사회 초년생은 운전을 배우고 차를 가지고 다니는 동료를 보면 그가 멋있다고 생각하여 부러워한다. 나는 언제 운전을 배워 차를 가지고 다니나 이런 생각을 하게 된다. 그러나 10여 년이 흐른 후에는 모두 다 운전을 하면서 생활한다. 마찬가지이다. 운전을 배우고 익히는 것처럼 글쓰기도 배우고 익히면 못하는 사람 없이 모두 할 수 있다. 두려움을 가질 필요가 전혀 없다.

글쓰기에 재미를 붙일 즈음 대학에서 글쓰기 강의를 맡게 되었다. 이전에 읽었던 여러 권의 글쓰기 책 중심으로 강의를 진행했다. 만족스러운 한 권의 책을 구하기가 쉽지 않았기 때문이다. 더구나 학생들에게 여러 권의 책을 준비하라고 말하기도 어려웠다. 어쩔 수 없이 여기저기서 자료를 가져와 강의를 진행했으나, 자료의 난잡함이 늘 마음에 걸렸다. 그래서 미흡하나마 그 자료들을 모아 한 권의 책으로 만들었다. 이 책은 실제 대학교 글쓰기 수업에서 유용하게 쓰일 수 있다고 생각한다.

이 책은 총 3부로 나누어 구성되어 있다. 1부 '글쓰기의 기술'은 글쓰기의 여러 기술 중 입문자에게 꼭 필요한 몇 가지 기술을 담았다. 실제 교육 현장에서 겪었던 체험을 바탕으로 작성하였기 때문에 글쓰기를 시작하는 입문자에게 실질적으로 도움이 되리라 생각한다.

필자가 실제 글쓰기를 하면서, 또는 학생들의 글을 보면서 가장 많이 범하는 오류 중에서 고치면 바로 글이 나아지는 부분부터 차례대로 제시하였다. ① 단문쓰기 ② 올바른 문장 쓰기 ③ 적절한 단어 쓰기 ④ 문단 쓰기(글의 서술 방식 포함) ⑤ 내용 생성하기-개요 짜기 등의 순서로 제시하였다.

위의 내용들은 결국 1) 문장을 얼마나 정확하고 자연스럽게 표현할 것이냐, 달리 표현하자면 어떻게 하면 문장의 어색함을 없앨 것인가와 2) 글의 중심생각 즉, 주제를 효율적으로 전달하기 위해 어떤 전략을 짤 것인가의 문제로 나누어 볼 수 있다.

1) 정확하고 자연스러운 문장 쓰기
   ① 단문쓰기
   ② 올바른 문장 쓰기
   ③ 적절한 단어 쓰기
2) 주제를 효율적으로 전달하기 위한 전략 짜기
   ④ 문단 쓰기(글의 서술 방식 포함)
   ⑤ 내용 생성하기-개요 짜기

2부 '장르별 글쓰기'에는 실제 여러 장르의 글을 쓰는 과정을 담았다. 생활시를 포함한 여러 갈래의 운문 쓰기, 초단편 소설/스마트 소설, 수필, 문학 감상문, 영화 감상문, 기행문, 일기, 편지, 설명문, 논설문 등을 쓰는 기본적인 과정을 담았다. 최근에 한국인들이 여행을 많이 다니는데 여행 중 또는 여행 후에 느낀 점을 적어 보는 행위도 실질적으로 글쓰기를 할 수 있는 긴요한 수단이 된다. 기행문뿐만 아니라 여러 장르의 글쓰기 연습은 글쓰기 능력을 향상하는 방법이 될 뿐 아니라 글쓴이 자신을 돌아보는 중요한 수단이 될 것이다.

여기에서 여러 장르의 글쓰기를 소개하는 이유는 글쓰기를 하고자 한다면 위에서 제시한 장르 중 최소 한 가지에는 관심이 있을 것이라는 생각 때문이다. 예를 들어 운문 쓰기에서도 단순히 생활시만 소개할 수도 있으나 시조, 디카시, 민조시 등 다양하게 소개하고 있다. 실제 주변에서 보면 일반 시 쓰기는 어려워하지만 디카시에는 상당한 관심을 가지는 이들이 적지 않았다. 디카시가 일반 시보다 사유의 깊이가 얕다고 결코 생각하지 않는다. 어떤 장르의 글쓰기든 사유의 폭을 넓힐 수 있는 수단이 될 수 있으므로 적성에 맞는 장르의 글을 찾아 글쓰기를 시작하기 바란다.

3부 '글쓰기 과정'에서는 1, 2부에서 담지 못한 글쓰기의 구체적 방법과 필자가 글을 쓰면서 가지게 되었던 몇 가지 느낌을 담았다. 여러분도 실제 글을 쓰다 보면 느끼는 것들이 있을 것이다. 그러한 것들을 스스로 적어보는 데 있어서 하나의 예가 될 수 있을 것이라고 생각하여 가벼운 마음으로 제시하였다. 편안한 마음으로 참고하면 될 것 같다.

앞에서 글쓰기를 운전에 비유하였다. 여러분에게 이 책이 운전면허를 취득할 때 운전을 가르쳐 주는 학원 강사와 같은 역할을 하길 바란다. 글쓰기를 시작하는 여러분에게 그 출발을 가볍게 할 수 있도록 도왔으면 한다. 혹, 이 책을 읽었지만 바쁜 일상으로 글쓰기를 미루었다 하더라도 후에 다시 글쓰기를 시작할 때 이 책이 그 시작을 돕는 데 유용하게 다시 읽히는 바람 또한 가지고 있다.

많이 부족하지만 이 책이 글쓰기를 시작하는 글쓰기 입문자들에게 조금이나마 도움이 되었으면 한다. 이 책을 통해 글쓰기를 시작하고 글쓰기에 대한 재미와 습관이 생긴다면 그때 유명한 작가들의 글쓰기 책을 읽으며 글쓰기를 계속 진행해 나가기 바란다.

'나는 선생님에게서 많은 것을 배웠다. 나는 동료에게서 더 많은 것을 배웠다. 나는 학생으로부터 가장 많은 것을 배웠다.' 교육계의 오래된 명언을 교육 현장에서 수시로 느낀다. 여기에 학생의 글을 수록하며 이 명언의 참뜻을 다시 한번 깨닫는다. 나의 학생들에게 무한한 감사의 마음을 전한다. 못난 글도 좋은 책 안에서 다시 활기찬 생명력을 얻을 수 있도록 애써주신 시원스쿨의 담당 편집자님과 양홍걸 대표님, 명재희 차장님에게도 감사의 말씀을 드린다.

최준우

 junwooah@naver.com　　 blog.naver.com/junwooah

PART 1

글쓰기의 기술

CH 1.
글쓰기를 해야 하는 이유

　글쓰기 수업을 시작한 초창기, 필자는 분명 들떠 있었다. 내가 겪었던 글쓰기의 고통을 학생들이 겪지 않게 하는데 자신 있었기 때문이었다. 내가 오랫동안 글쓰기의 고통을 겪었고, 그것을 나는 해소하였기에 이에 대한 과정을 학생들에게 지도하면 된다고 생각하였다. 그런데 그것은 나의 완전한 오해였다.

　나는 어린 시절부터 책 읽기와 글쓰기에 나름의 멋을 느끼면서 작가가 되겠다는 막연한 동경심을 가지고 국문학과에 입학한 소위 문청(문학청년)이었다. 그러나 나의 수업을 듣는 학생들은 그런 이들이 아니었다. 학생들 대부분이 왜 읽고, 왜 써야 하는지에 대해 깊이 고민해본 적 없는 이들이었다. 책을 왜 읽어야 하는지, 왜 써야 하는지를 모르는 이들에게 글쓰기의 기술을 가르치고 있으니 내가 하는 말이 재미있을 리가 없었던 것이다. 마치 고등학교를 졸업한 자녀에게 운전면허를 딸 수 있는 나이가 되었으니 면허를 따라고 막무가내로 운전학원에 밀어 넣는 꼴과 다르지 않았다. '사회생활에서 운전은 기본 중에 기본이야.'라고 이유를 들먹여도 운전에는 전혀 관심 없거나 운전의 필요성을 느끼지 못하는 자녀에게는 운전 연습이 즐겁지 않을 것이다.

　나는 글쓰기의 기술을 가르치기 전에 왜 글쓰기를 해야 하는지부터 즉, 글쓰기의 당위성부터 학생들에게 제시하여야 했다. 글쓰기를 해야 하는 이유는 여러 가지가 있다. 아니 글을 써야 하는 이유는 셀 수 없이 많다. 우리의 삶은 매일 글을 써야 하는 이유와의 만남이다. 글을 써야 하는 엄청나게 많은 이유 중에서 글쓰기 입문자들이 들을 만한 몇 가지 이야기를 하려 한다.

1) 문맹이 되지 않기 위해

다음은 라디오 방송의 일부이다. 한번 들어보자.

박태웅(이하 박): 대한민국 성인의 문맹률이 굉장히 낮을 거라고 사람들이 흔히 알고 있는데 실질 문맹률이 세계에서 최고입니다.

홍사훈(이하 홍): 그 점은 언뜻 납득하기 쉽지 않습니다.

박: 세종대왕께서 워낙 훌륭하게 한글을 만들어 주셔서 읽고 쓰는 것은 누구나 다 한다고 알고 있지만 OECD가 2013년에 세계 22개국에서 15만 명 이상을 방문 면접 조사한 결과인데요. 실질 문맹률 그러니까 문장을 읽고 뜻을 독해하는 비율에서 한국이 세계 최고를 기록했는데 다른 나라들이 25세에서 35세에 가장 높은 독해력을 나타낸 다음에 서서히 감소하는데 한국은 20대 초반에 정점을 찍은 뒤에 연령이 증가할수록 급격히 감소하는 거예요. 그 연구원이 이렇게 얘기합니다. '책을 읽지 않는 채로 나이가 들면 독해력이 크게 떨어진다.'

홍: 그러니까 문맹률을 말하는 게 아니고 독해력을 말하는 거죠?

박: 독해력, 실질 문맹률!

홍: 아, 실질 문맹!

박: 그러니까 책을 읽지 않는 채로 나이가 들면 독해력이 크게 떨어진다는 건데 그 이유를 보면, 사실 한국이 입시 교육이라는 게 책을 읽는 것을 지긋지긋하게 느끼게 만들어요.

박: 맞습니다.

홍: 그래서 애들이 고3이 되고 대학에 붙으면 제일 먼저 하는 일이 자기가 읽었던 책을 찢고 불태우는 겁니다.

박: 절대 동감합니다.

<중략>

홍: 그러니까 한국에서 피싱 메일로 해마다 수천 억의 사기 피해 규모가 나타나고, 노인들이 카카오톡으로 전달되는 가짜 뉴스에 속아서 그렇게 많이 전달하는 이유들이 여기에 있는 거죠.

박: 문해력이 실질적 문맹이기 때문에, 문맹률이 높기 때문에

홍: 실질적 문맹률도 세계에서 가장 높고 디지털 문해력도, 디지털 리터러시라고 하죠. 그것

> 도 세계에서 제일 낮고 그러니까 이런 것들이 다, 사실은 부조화죠. 미스 매치가 일어난 거죠.
>
> – <홍사훈의 경제쇼>, 2022

위 대화는 홍사훈 기자가 진행했던 방송의 일부이다. 대화 내용 중 우리가 주목할 부분은 두 군데이다.

첫째, 리터러시 능력에 있어서 외국의 경우 30대 후반부터 서서히 감소하는 반면, 우리나라의 경우 20대 초중반에 정점을 찍었다가 급격히 감소한다는 부분이다.

둘째, 실질 문맹률을 언급하는 부분에서 박태웅 선생이 실질 문맹과 문맹을 혼용해서 쓰는 부분이다.

우리나라 고등학생들의 글을 읽고 이해하는 능력은 가히 세계 최고 수준이라 할 것이다. 이렇게 말할 수 있는 근거는 수능에 있다. 수능 국어 영역을 보면 16쪽에 달하는 내용을 단 80분 만에 읽고 그 내용을 분석해야 한다. 이는 실로 대단한 것이다. 그런데 이런 대단한 능력이 이십대 중반 이후 급격히 감소한다는 것이다.

이유는 뭘까? 공식적인 교육 과정이 끝나면서 책을 읽지 않기 때문이다. 책을 읽지 않는 이유에 대한 연구도 중요할 것이나, 여기서는 논외로 하고 책을 읽지 않아 리터러시 능력이 현저히 감소한다는 그 사실 자체에 주목할 필요가 있다. 외국의 경우 35세 이후에 서서히 감소하는 것에 비해 우리나라는 20대 중반 이후에 급격히 감소한다. 그리고선 실질 문맹이 된다. 문장을 읽어도 무슨 말인지 모르게 된다.

현재 우리나라에 문맹 인구가 있는가? 있다 하더라도 그 수는 매우 미미할 것이다. 국어 관련 단체에서도 1980년대 중반 이후로 문맹 인구수를 파악하고 있지 않다. 과거 우리나라에서는 문맹이 하나의 사회적 문제였다. 그래서 문맹을 퇴치하기 위해 많은 사회적 노력을 기울였다. 그러나 지금은 문맹이 없다. 대신 실질 문맹이 새로이 생겨났다. 그렇기 때문에 실질 문맹이란 단어 대신에 문맹이란 단어를 사용해도 큰 혼동을 일으키지 않는다. 즉, 문장을 읽고도 무슨 뜻인지 모르면 문맹인 것이라고 단정 지어 말할 수 있다.

2) 사고력(생각하는 힘)을 기르기 위해

초등학교 1학년 때 선생님께서 '사람은 생각하는 동물'이라고 말씀하셨던 것이 기억난다. 그것이 당시 교과 과정에 들어 있었던 내용이었는지 선생님께서는 이 말씀을 자주 하셨다. 필자는 2학년, 3학년으로 진급한 후에도 이 말을 여러 선생님으로부터 계속 들었다. 필자는 당시 생각이란 단어를 잘 알지 못했다. 그래서 기억에 남은 것 같다. 그렇다면 생각은 무엇이고, 또 어떻게 하는 것인가?

필자는 여기서 '경험'이란 단어를 여러분에게 제시하고 싶다. 표준국어대사전에서 '경험'을 찾아보면 다음과 같이 나온다.

> 경험: ① 자신이 실제로 해 보거나 겪어 봄. 또는 거기서 얻은 지식이나 기능.
> ② 객관적 대상에 대한 감각이나 지각 작용에 의하여 깨닫게 되는 내용.

우리는 경험의 뜻을 잘 알고 있다. 그렇다면 경험에 대응되는(반대어는 아니고) 단어는 무엇일까? (여러분은 아버지의 반대말은 무엇이라고 생각하는가? 어머니? 아마도 쉽게 어머니라고 말할 수 있을지 모르겠다. 그러나 정확히 따진다면 어떻게 아버지의 반대말이 어머니이겠는가? 본래의 논의를 이어가기 위해 대략 반대어 대신 대응어 정도로 해두자.)

경험의 대응어는 이성(理性)이다. 그럼 이성의 뜻을 알아보자.

> 이성: ① 개념적으로 사유하는 능력을 감각적 능력에 상대하여 이르는 말.
> ② 진위(眞僞), 선악(善惡)을 식별하여 바르게 판단하는 능력.

위 사전적 정의에서 눈에 띄는 단어는 **감각/지각**과 **개념/사유**이다. 사람은 생각하는 동물이다. 그렇다면 생각하는 힘은 어떻게 기를 수 있을까? 무엇을 공부하면 생각하는 힘을 기를 수 있을까? 바로 수학이다. 수학을 공부하면 생각하는 힘 즉, 사고력을 기를 수 있다. 그러기 때문에 초등학교 1학년부터 고등학교 3학년까지 수학을 끊임없이 공부하는 것이다. 돈 세는 법은 진작 다 알았는데도 말이다.

1+1=2이다. 여러분은 이것을 어떻게 아는가? 경험으로 안다고 말하는 사람이 있을 것이다. 그렇다면 1000+1000=2000은 어떻게 아는가? 이것도 경험으로 알게 된 것인가?

1+1=2라고 말한 이 중에서 그 경험이 무엇이냐고 묻는다면 내 앞에 연필 한 자루와 또 다른 연필 한 자루가 있는데 그것을 합하면 두 자루가 되기 때문에 경험으로 알게 되었다고 말할 수도 있겠다. 1+1에서 1과 1은 완전히 같은 것이어야 하는데 서로 다른 연필 두 자루가 완전히 같은지에 대한 논의는 차치하고라도 1000+1000=2000은 실제 경험해 본 것인지 다시 묻고 싶다. 1000+1000=2000을 경험으로 아는 이는 없다. 우리는 개념으로 알게 된 것이다. 수학은 완전한 사유의 체계이다. (여기서 연역법을 논의하려는 것이 아니다.)

또 다른 예를 들어보자. 삼각형의 세 내각의 합은 180°이다. 여러분은 이것을 어떻게 아는가? "제가 각도기로 재 보았어요."라고 말하는 이가 있을지 모르겠다. 그러나 각도기로 잰다고 해서 180°가 나오는 것은 아니다. 각도기가 정밀할수록 더욱 180°가 되지 않는다. 아니 되지 못한다.

여기 삼각형이 있다. 꼭짓점을 지나는 선분을 밑변에 평행하게 그려보자.

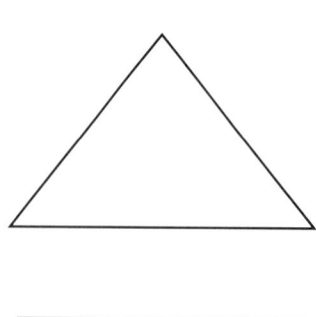

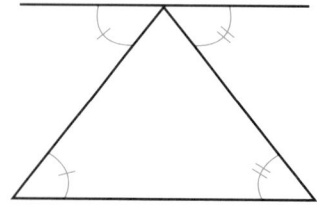

여기서 중학교 때 배운 엇각의 성질을 활용하여 두 밑변의 엇각을 꼭지각 옆에 표시해보자. 그러면 삼각형의 밑변에 평행하게 그은 꼭지각을 지나는 선분은 각 밑각의 엇각 2개와 원래의 꼭지각으로 이루어져 있음을 알 수 있다. 그런데 선분은 기본적으로 평각이다.

정리하자면 삼각형의 두 밑변 각각의 엇각과 꼭지각을 합하면 평각이 된다. 평각은 180°이다. 그래서 삼각형의 세 내각의 합은 180°인 것이다. 절대 경험으로 알기 어렵다. 그런데 여러분, 위 삼각형이 평면 도형으로 보이는가? 그래서 위 삼각형의 넓이를 구할 수 있겠는가? '밑변×높이÷2' 공식을 통해 삼각형의 넓이를 구할 수 있으니 밑변과 높이의 길이만 알면 넓이를 구할 수 있다고 할 것이다.

그런데 기본적으로 위 삼각형은 평면 도형이 아니다. 평면 도형은 높이가 없어야 하는데 위 도형은 높이가 있지 않은가? 칠하여진 잉크의 굵기가 바로 높이인 것이다. 그러니까 평면 도형은 실제로 존재할 수 없는 것이다. 평면 도형이라고 하는 것은 우리의 개념 속에 존재하는 것이지 실제로 존재할 수가 없다.[1]

이렇게 우리는 수학을 공부하면서 개념과 사유의 폭을 넓혀가는 것이다. 그럼 우리는 지금 생각하는 힘을 기르기 위해 수학을 공부하여야 하는가? 여러분 중 인상을 찌푸리는 이가 꽤 있을 것이다. 글쓰기 책에서까지 수학을 이야기하니 없던 짜증이 절로 날 수도 있다.

그렇다면 생각하는 힘을 어떻게 기를 것인가? 눈치채셨겠지만 바로 '독서와 글쓰기'이다. 독서와 글쓰기만이 현재 여러분의 생각하는 힘을 기를 수 있는 유일한 방법이다. 이 같은 이유로 하버드 대학교에서는 150년간 글쓰기 수업을 운영해 오고 있다. 천재는 노력하는 자를 이길 수 없고, 노력하는 자는 즐기는 자를 이길 수 없다고 하는데 독서와 글쓰기를 통해 '생각하는 즐거움'을 느끼고 깨우친다면 더할 나위 없을 것이다.

---

[1] 김용옥의 강의 '영어 수학을 왜 공부해야 하는가?'와 『논술과 철학 강의2』에서 '수학 강의의 중요성'편 참조.

3) 평생교육 시대에 뇌의 노화를 대비하기 위해

과거 농경 사회에서 어른은 나이가 많다는 단 한 가지 이유로도 존경받을 수 있었다. 그러나 지금은 다르다. 디지털 세상에서 사회가 아주 빠르게 변하고 있다. 이제 어른이 '나이 많음'으로 다른 사람들 앞에서 우위를 점하려고 하면 바로 '꼰대' 소리를 듣게 된다. 현대 사회에서 어른은 어른다워야 한다. 어떻게 하면 어른다울 수 있을까?

지난날 배움은 어릴 때에만 하는 것으로 인식되었다. 그러나 현재는 평생교육의 개념이 생겨났다. 배움을 나이가 들어서도 계속하는 것이다. 나이가 든다는 것은 신체가 노화된다는 것인데, 신체의 노화는 신체가 제대로 작동하지 않는 것을 의미한다. 신체에는 뇌도 포함된다. 뇌의 기능이 제대로 작동하지 않으면 뇌에서 산출한 출력물의 품질이 저하된다는 것이다. 농경 사회에서는 경험이 많은 것만으로도 충분히 현명했다. 그러나 급변하는 사회에서는 나이가 들수록 어리석어질 가능성이 크다. 이런 상황에서 지적인 퇴화를 늦추는 방법은 독서와 글쓰기뿐이다. 중·장년기를 거쳐 노년기가 될수록 새로운 경험을 할 수 있는 기회도 줄어든다. 이럴 때 독서를 통해 새로운 이론을 배우고 간접적으로라도 경험을 새롭게 하는 것이 중요하다.

독서와 글쓰기를 제외하고 나이가 들어가면서 지적·정서적 퇴화를 막을 수 있는 방법은 없다. 독서와 글쓰기는 중·장년, 노년기에 지적·정서적 긴장 상태와 선명함을 유지할 수 있는 방법이다. 독서와 글쓰기는 지적·정서적인 면에서 노화를 최대를 늦출 수 있다. 나이가 드는 것은 우리의 노력으로 막을 수 없지만, 노화는 개인의 노력 여하에 따라 충분히 늦출 수 있다.

노화가 진행되면 두려운 것이 치매다. 치매를 막는 방법 중의 하나는 익숙한 것을 버리고 낯선 것을 자주 접하는 것이다. 가장 간단하면서도 유용한 것이 휴대 전화의 자판을 바꾸는 것이다. 휴대 전화에는 여러 종류의 자판이 있다. 천지인, 삼성 등 자판을 바꾸게 되면 처음에는 익숙하지 않아 짜증이 날 수도 있다. 화를 내거나 짜증을 내지 않는다는 전제하에서 새로운 자판을 두드리며 문자를 보낼 때 우리의 뇌는 긴장 상태에 놓이면서 새로움을 경험하게 된다. 이러한 새로움을 독서와 글쓰기는 매 순간 느낄 수 있게 한다. 안티에이징이 대세인 이 시대에 젊어진다는 데 안 할 이유가 없다.

4) 곧 닥칠 지능정보화시대를 대비하기 위해

제4차 산업혁명시대 즉, 지능정보화시대가 바로 앞이다. 지능정보화시대에 대한 기대가 높다. 동시에 우려나 불안감도 적지 않다. 우려나 불안감은 AI에 의한 대체 때문이다. 사람들은 '혹시 내가 인공 지능에 의해 대체되지 않을까?' 하는 걱정을 하고 있다. 실제로 우리는 우리 주위에서 계산원이 키오스크로 대체된 사례, 전화 상담원이 챗봇으로 대체된 사례 등을 보았다.

많은 미래학자들은 생각할 일이 없는 직업군부터 차례대로 인공 지능에 의해 대체될 것이라고 본다. 미래 사회를 그린 어떤 그림에서는 인간이 집 밖으로 나가 일터로 가기 위해서 자신의 일이 인공 지능이 할 수 없는 일임을 증명해야 한다. 집 밖에 인공 지능이 지키고 있다가 인간이 나서면 집에 있으라고 한다. 당신의 할 일을 우리 인공 지능이 다 하고 있다고 말하면서. 이때 인간이 인공 지능에게 나는 네가 할 수 없는 일을 하러 간다고 말한다. 그때서야 인공 지능은 그에게 길을 비켜준다.

인공 지능이 할 수 없는 일에는 무엇이 있을까? 일부 미래학자들은 생각하고 창의적이며 공감하는 능력은 인공 지능이 갖출 수 없거나, 갖추더라도 먼 미래의 일이라고 보고 있다. 다른 의견도 있다. 돌발 상황에 대처하는 대응 능력(대처 능력)은 인공 지능이 따라할 수 없다고 한다. 우리 인간이 인공 지능에 대체되지 않기 위해 키워야 하는 능력이 사고력이든 창의력이든 또는 공감 능력이든 대처 능력이든 그것을 키울 수 있는 일은 거의 유일하게도 독서와 글쓰기뿐이다.

왜냐하면 그러한 능력들은 기본적으로 인간의 능동적이고 주체적인 뇌 활동과 관계있기 때문이다. 미래 사회를 예상하는 미래학자 사이에서도 미래에 대한 예측은 분분하다. 하지만 그에 대한 해결책은 한결같이 독서와 글쓰기를 말하고 있다. 미래 사회에 대한 예상은 다양하더라도 인공 지능에 대체되지 않기 위해서 우리가 해야 할 일은 독서와 글쓰기라고 꾸준히, 그리고 일관되게 말하고 있다.

미래 사회 인공 지능의 인간 대체에 대한 다양한 의견이 있다. 그중 전문직부터 대체될 것이라는 의견도 있다. 그러한 의견도 일리가 있다고 생각하고 또한 존중한다. 단, 여기서는 인공 지능의 인간(직업) 대체가 전문직이냐, 단순 노무직이냐를 따지는 목적이 아니기 때문에 그것의 구체적 논의는 하지 않기로 한다.

5) 정신적으로 건강하게 살기 위해

우리는 모두 윤택한 삶을 살기를 원한다. 즉 삶의 질을 높이기를 원한다. 그리고 실제로 우리는 삶의 질을 높이기 위해 여러 일을 하고, 육체적 건강을 유지하기 위해서 여러 운동을 한다. 그리고 육체적 건강 못지않게 정신적, 정서적 건강도 매우 중요하다. 우리는 정신적, 정서적 건강을 유지하고 삶의 전반적인 질을 높이기 위해 무슨 활동을 해야 할까?

우리는 육체적 건강을 위해 여러 활동을 한다. 좋은 음식을 먹기도 하고 질 좋은 수면을 취하기 위해 노력하기도 한다. 그런데 좋은 음식과 숙면이 육체적 건강의 기본 요소이지만 이것만으로는 부족하다. 몸의 유연성을 기르기 위해, 근육을 만들기 위해, 탄력 있는 몸을 만들기 위해 실제 여러 운동을 한다. 그런데 우리는 정신적 건강을 위해 무슨 활동을 하는지 생각해 볼 필요가 있다.

예를 들어보자. 예전에 방영했던 TV프로그램 중 일반인들의 영수증을 분석하여 그의 소비 패턴을 분석하는 방송에서 기억나는 진행자의 멘트가 있다. 한 일반인의 영수증을 분석하고 진행자가 말했다. "이 의뢰인은 자신의 몸에는 여러 투자를 하는데 머리에 하는 투자는 하나도 없네요." 자신의 몸을 치장하거나 운동하는 데에는 많은 소비를 했지만 정작 책을 구입하거나 강의를 구입한 내역(흔적)은 전혀 없었기 때문이다.

또 하나의 예가 있다. 요즘은 유튜브를 통해 개인방송을 한다. 한 사람이 의류사업을 진행하기 위해 개인방송을 하였다. 그는 한 번의 방송을 하기 위해 머리, 얼굴, 손톱에까지 적지 않은 돈을 들여 방송을 준비했다. 그런데 실제 동시 접속자 수가 한 자리 숫자에 불과했다. 그는 계속해서 더 많은 돈을 지출해가며 화려한 모습을 보였으나 접속자 수는 늘지 않았다. 나에게 조언을 구한다면 자신의 몸에 투자하는 금액의 일부를 책 사는 데 쓰라고 조언하고 싶다.

이처럼 육체적 건강을 유지하고 자신의 외적인 모습을 아름답게 꾸미는 것 이상으로 정신적 건강을 유지하고 내공을 쌓는 활동이 중요하다고 생각한다. 육체 건강에서의 좋은 음식과 질 좋은 수면에 정신 건강에서의 '독서'가 비견된다고 볼 수 있다. 그리고 몸의 유연성을 기르고 근육을 붙이는 활동은 '글쓰기'가 해당된다고 볼 수 있다.

6) 삶의 의미를 찾는다면

가벼운 이야기를 해보자. 법륜 스님과의 상담에서 한 젊은 아기 엄마가 "인생이란 무엇이냐? 삶의 의미는 무엇이냐? 왜 사는지 모르겠다."고 질문을 하였다. 법륜 스님은 "결혼했느냐? 자녀가 있느냐?"라고 질문했다. 이에 질문자는 결혼하여 아기가 한 명 있다고 답하였다. 그러자 법륜 스님이 "자녀를 낳았는데도 왜 사는지 몰라?"라며 반문하였다. 그리고 청중 모두는 웃었다. 그 후에 구체적으로 어떤 조언을 했는지는 기억나지 않는다.

유시민 작가는 한 방송에서 '인생의 의미란 무엇인가?'란 질문의 답을 찾기 어렵다면 그 질문이 잘못되었을 수도 있다고 하면서 질문을 '나의 인생에 내가 어떤 의미를 부여할까?'로 바꿔 볼 필요가 있다고 하였다. 작가는 '인생은 아무 의미가 없다'고 단언한다. '내가 내 인생의 의미를 무엇으로 채워가지?', '나는 내 인생에 어떤 의미를 부여할까?'란 질문은 각자의 답이 있는 문제라고 하면서 각자가 답을 찾을 수 있다고 했다.

작가의 말을 모두 수용한다면 여러분은 그 답을 찾았는가? 이 질문에 필자는 조금은 외람되게 조금 부끄럽게 찾았다고 말하고 싶다. 이에 여러분들이 어떻게 찾았느냐고 물어본다면, 이미 찾았으니까 못 찾은 이에게 찾는 방법에 대해 조언한다면, 어떤 조언을 해 줄 수 있느냐고 물어온다면 주저하지 않고 독서와 글쓰기를 권하며 이를 통해 그 의미를 찾게 될 것이라고 말하고 싶다.

CH 2.
단문쓰기

글쓰기는 쉽지 않다. 많은 이들이 글쓰기에 적지 않은 부담을 가지고 있다. 작가가 되고자 하거나 글쓰는 일이 멋있어 보여 글쓰기를 하려는 사람, 또는 학교 숙제나 회사의 보고서 때문에 어쩔 수 없이 글쓰기를 해야 하는 사람 등 글 쓰는 이유는 다양할 것이다. 이유야 어쨌든 글쓰기를 해야 하는데 그것이 쉽지만은 않은 것이 현실이다. 이러한 현실을 타개할 마땅한 방법은 없는가? 글쓰기를 단번에 쉬운 것으로 만들어버리고 적지 않은 부담감을 날려버리는 획기적인 방법은 없을까? 이러한 질문에 만병통치약은 아니지만 조심스레 위와 같은 문제를 다소 해결할 수 있는 방법이 있다고 말하고 싶다. 그것은 바로 '**단문쓰기**'이다.

① 쓰고자 하는 생각은 많은데 온갖 생각만 머릿속에서 뒤죽박죽으로 뒤섞여 한 줄도 쓰지 못하는 사람
② 공을 들여 열심히 썼는데 자신이 쓴 글을 읽어보면 마음에 들지 않는 사람
③ 글을 써 나가는데 특정 부분에 막혀 더 이상 진도를 나가지 못하는 사람

이런 이들은 자신이 실제 썼거나 머릿속으로 구상하고 있는 문장이 너무 긴 것은 아닌지 점검할 필요가 있다.

첫 번째, 쓰고자 하는 생각은 많은데 머릿속이 복잡하여 한 줄도 쓰지 못하는 사람은 자신이 생각하고 있는 것 중에서 가장 간단하면서도 우선적인 것을 짧은 문장으로 써보는 것이 중요하다. 짧은 문장을 쓰고 나면 다음에도 짧은 한 문장, 또 짧은 한 문장 이렇게 차례대로 한 문장씩 써나가면 된다. 이렇게 하다 보면 어느새

몇 줄의 문장을 쓰고 있는 자신을 발견하게 될 것이다. 이런 연습을 반복하다 보면 한 줄도 쓰지 못하는 일은 벌어지지 않을 것이다.

두 번째, 정성을 들여 열심히 썼는데 다시 읽어보면 자신의 글이 마음에 들지 않는 사람들은 자신의 글을 다시 읽어보면서 자신의 글이 긴 문장들로 이루어진 것은 아닌지 점검할 필요가 있다. 문장이 끝을 맺지 못하고 계속 이어지고 있지는 않은지, 여러 복문의 연결로 인해 중심 생각이 너무 복잡하게 표현되지 않았는지를 살펴봐야 한다. 이런 경우 적당한 위치에서 잘라 긴 문장을 단문으로 바꾸어 보자. 그리고 다시 읽어보면 글이 훨씬 쉽게 읽힌다는 것을 발견하게 될 것이다.

세 번째, 글을 써 나가는 과정 중 특정 부분에 막혀 더 이상 진도를 못 나가는 사람의 경우 막힌 부분에서 힘겹게 이어 나가려고 하니 글쓰기가 고통스럽다고 느껴질 것이다. 이것이 필자가 겪은 글쓰기의 대표적인 어려움이었다. 막히면 더 이상 이어 나갈 수가 없다. 아, 답답하다. 이제 조언을 드리겠다. 이어 나가는 것을 과감히 포기하고 거기에서 끝을 맺어라. 그리고 다음에서 다시 시작하여 이어 나가라. 훨씬 수월하게 글을 이어 나갈 수 있을 것이다. 이렇게 글을 쓰다 보면 자연스럽게 단문쓰기가 된다.

글쓰기의 기술에서 가장 중요한 기술을 뽑으라면 단연코 '단문쓰기'이다. 단문쓰기의 중요성을 뒷받침하는 이론적 용어도 있다. '일사일문', '일문일개념'. 즉, 하나의 문장에는 하나의 일만 담아라. 하나의 문장에는 하나의 개념만 담아라.[2]의 의미이다. 필자가 읽은 글쓰기 책에서 이를 언급하지 않은 글쓰기 책은 없었다. 글쓰기 책의 주제와 목적이 다르다 할지라도 단문쓰기에 대한 언급은 일관되게 볼 수 있었다.

선천적으로 노래를 잘 부르는 사람, 달리기를 잘하는 사람이 있듯이 단문쓰기도 선천적으로 잘하는 이가 있다. 이러한 학생들이 쓴 글은 일단 이해하기 어렵지 않다. 운 좋게도 성능 좋은 아이템을 공짜로 하나 얻은 것이다. 반대로 선천적으로 단

---

[2] 프레젠테이션 발표 시 PPT 자료에서 '하나의 슬라이드에는 하나의 내용만 담아라'란 내용이 있는데 이것도 비슷한 개념으로 이해할 수 있다. 또한 '하나의 문단에는 하나의 중심 생각만 담아라.'도 비슷한 의미로 볼 수 있다.

문쓰기를 전혀 하지 않는 이도 있다. 이러한 이들은 우선적으로 자신의 글쓰기가 잘못되었다는 것을 알 필요가 있다. 그리고 앞으로의 글쓰기에서는 단문쓰기를 습관화하면 된다.

  글쓰기도 하나의 습관이다. 단문쓰기를 하지 않는 이들은 단문쓰기를 잘하다가도 그것에 대하여 주의를 기울이지 않으면 바로 자신의 과거 습관이 나온다. 글이 다시 길어진다. 이런 학생들을 지도할 때는 단문을 쓰는 습관이 잡힐 때까지 계속 일러준다. 글 쓰는 이 스스로도 단문쓰기가 습관화될 때까지는 경각심을 늦추어서는 안 된다.

  학생의 실제 글을 예로 보자.

> 운영하는 완전 완벽한 사람이다. 주인공은 회사에서 짤리지 않기 위해서 회사일에 전념하기 위해 당분간 도우미를 쓰기로 하는데 그 도우미가 로봇 도우미, 주인공과 똑같이 생긴 트윈 사이보그 도우미를 고용하는데, 처음에는 집안일과 아이를 같이 하다가, 주인공이 중요한 미팅이 있는 날 몸살이 걸리면서 로봇이 주인공 대신 첫 출근을 하게 됐는데, 주인공이 해야 하는 일보다 훨씬 잘 해내면서 중요한 디자인 작업이 있는 며칠 동안은 아예 주인공이 집에서 살림을 하고, 로봇이 직장에 나가 일을 하게 되는데 주인공은 다시 집안으로 돌아오고, 집안일은 끝이 보이지 않고, 아이는 주인공이 해준 음식이 맛없다며 먹지도 않았다.

  서유미 작가의 소설 「저건 사람도 아니다」의 감상문 내용의 일부이다. '주인공은'부터 시작해서 '먹지도 않았다'로 끝날 때까지 무려 12줄이 하나의 문장으로 되어 있다. 이것을 읽은 독자들의 호흡이 너무 길기도 하고, 글의 내용이 잘 정리되지 않아 읽기 불편할 것이다. 다음과 같이 바꿔보자.

> ✓ Check
>
> 주인공은 회사에서 잘리지 않기 위해 회사일에 전념하기로 하고 당분간 도우미를 쓰기로 하였다. 그 도우미는 로봇도우미였다. 주인공은 자신과 똑같이 생긴 트윈 사이보그 도우미를 고용한다. 처음에는 로봇도우미가 집안일과 아이를 돌보는 일을 같이 하였다. 그러던 중 주인공이 중요한 미팅이 있는 날 몸살이 걸리면서 로봇이 주인공 대신 첫 출근을 하게 되었다. 로봇도우미가 주인공보다 일을 훨씬 잘 해내면서 중요한 디자인 작업이 있는 며칠 동안 주인공은 집에서 살림을 하고, 로봇이 직장에 나가 일을 하게 되었다. 집으로 돌아온 주인공이 하는 집안일은 끝이 보이지 않고 아이는 주인공이 해준 음식이 맛없다며 먹지도 않았다.

7개의 문장으로 나누어 써 보았다. 독자 입장에서 이해하기가 훨씬 쉽다. 실제 수업을 해보면 꽤 많은 수의 학생들에게 단문쓰기 연습이 필요하다. 그렇다면 단문쓰기가 정말로 좋은 글쓰기 기술인가? 이렇게 좋은 기술이라면 극단적으로 해보는 것은 어떨까?

> ① 바람이 부니 홀씨가 날려 새로운 생명이 또 자리를 잡는다.
>   → 바람이 분다. 홀씨가 날린다. 새로운 생명이 자리를 잡는다.
> ② 새벽에 잠든 나는 아침에 늦게 일어나 겨우 세수를 하고 밥도 먹지 못하고 헐레벌떡 학교로 뛰어갔으나 개교기념일이었다.
>   → 나는 새벽에 잠들었다. 나는 아침에 늦게 일어났다. 겨우 세수를 했다. 밥도 못 먹었다. 헐레벌떡 학교로 뛰어갔다. 개교기념일이었다.
> ③ 우리 반에서 제일 키가 큰 윤선이는 별명이 전봇대이다.
>   → 윤선이가 우리 반에서 제일 키가 크다. 그의 별명은 전봇대이다.
> ④ 하늘이 맑게 개니 마음도 환해진다.
>   → 하늘이 맑게 개었다. 마음이 환해진다.

단문으로 고친 글이 더 이해하기 쉬운 것 같기도 하지만, 너무 짧은 문장들로 구성되어 정말 좋은 글인가 하는 의구심도 드는 것이 자연스러운 반응이다. 단문으로 고친 글은 모두 좋은 글인가?

바로 이것에 대해 의문을 표한 이가 몇 있다. 이남훈과 강준만 작가이다. 강준만 작가는 그의 글쓰기 책에서 이남훈과 강원국 작가의 글을 인용하며 다음과 같이 제시하고 있다. 중략 없이 내용을 전하고자 한다.

> 단문 쓰기에 문제를 제기한 이는 이남훈이다. 그는 "초등학생 글쓰기를 본받고 싶은가"라며 도발적인 자세로 문제를 제기한다. 단문은 하나의 주어와 하나의 서술어만 있는 문장인데, "짧은 문장이 최선이라면 라면은 최고의 음식인가"라고 묻는다. "일반적인 글에서 '주어+동사'로만 이루어진 단문으로 계속 단락이 이어진다면, 그것은 '초등학생 글쓰기'라는 비난에 직면할 것이다"고 주장한다. 예컨대, "나는 오늘 친구를 만났다. 친구와 게임을 했다. 그런데 친구 엄마가 친구를 찾아왔다. 배가 고파서 밥을 먹었다"는 식으로 쓰는 게 좋으냐는 것이다. 그는 이런 결론을 내린다.
>
> "복문과 단문이 조화롭게 어우러질 때 리듬감이 꽃핀다. 더구나 인간의 사고 자체도 단문이 아니다. 나 자신이 생각을 어떻게 하는지 떠올려보면 바로 이해가 갈 것이다. 누구도 '배가 고프다, 밥 먹어야 한다, 짜장면 먹자, 단무지가 많아야 할 텐데'라고 사고하지 않는다. 글쓰기라는 것이 결국 생각을 옮기는 과정이라면, 과한 단문은 종합적인 사고력을 담아내지 못할 뿐만 아니라 부자연스럽기까지 하다."
>
> 좋은 지적이다. 그런데 복문과 단문의 비율이 어느 정도여야 조화롭게 어우러질 수 있을까? 강원국은 단문 예찬론을 펴면서도 단문이 정답은 아니라고 단서를 달면서 이렇게 말한다. "짧게 치면 숨 가쁘다. 유려한 멋도 없다. 단문과 장문을 섞어 쓰는 게 좋다. 7대 3이나 8대 2로 어우러져 리듬감 있는 글이 바람직하다."
>
> 역시 강원국이다. 나는 그의 균형 감각을 좋아하는데, 단문 예찬론에서도 그게 유감없이 발휘되고 있으니 어찌 좋아하지 않을 수 있으랴. 나는 강원국이 말한 비율보다 장문을 더 써도 무방하다고 보지만, 그런 비율보다는 장문을 써야 할 당위성이 있느냐를 중시한다. 글의 성격에 따라 그 비율은 얼마든지 달라질 수 있다고 보는 것이다.
>
> - 강준만, 『글쓰기 뭐라고』, 인물과사상사, 2018

강원국과 강준만 작가의 단문과 복문의 비율에 대해서 알아보았다. 이제 필자가 의견을 말할 차례이다. 의견을 구체적으로 제시하기 전에 단문쓰기에 대한 일화를 한 가지 말하고자 한다.

어느 대학의 방송연예과 학생들을 대상으로 글쓰기 수업을 할 때 '단문쓰기'에 대해 발표를 시킨 적이 있다. 한 학생의 발표가 매우 인상적이었다. 발표를 맡은 학생은 아마 방송연예 중에서도 가수 전공이었던 것 같다. 이 학생이 단문쓰기에 대해서 발표를 하는데 노래 부르기 중 호흡에 대해 빗대어 설명을 하는 것이 아닌가. 유튜브 영상을 가지고 말이다. 유튜브 영상은 가수 장윤정이 아마추어 가수에게 노래를 지도하는 내용이었다.

아마추어 가수 앞에 작은 거울을 놓고 그 거울을 보면서 호흡을 유지하며 노래를 부르라고 지도하였다. 거울이 가수 바로 앞에 있었기 때문에 아마추어 가수의 호흡은 길지 않았다. 그러던 중 장윤정이 거울을 들고 뒷걸음질을 했다. 자연스럽게 거울은 아마추어 가수로부터 멀어졌고 장윤정은 다른 손으로 호흡을 계속 유지하라는 신호를 보냈다. 이에 아마추어 가수는 긴 호흡을 유지하려고 애를 썼다.

발표 학생은 여기서 눈앞의 거울을 보면서 부르는 짧은 호흡은 단문이고, 멀리 있는 거울을 보면서 부르는 긴 호흡은 장문이라는 것이다. 장윤정은 그 아마추어 가수의 단점으로 노래의 모든 소절을 긴 호흡으로만 부르려고 하는 점을 지적하였다. 짧은 호흡으로 몇 소절을 가볍게 부르다가 절정 부분에서 자신감 있게 긴 호흡으로 불러야 한다고 지도하였다.

필자는 그 자리에서 바로 권투의 잽과 훅에 빗대어서 말하였다. "권투로 말하자면 짧은 호흡은 잽이고, 긴 호흡은 훅이네요. 잽을 서너번 치다가 결정타가 필요할 때는 훅을 날리는 것처럼요. 그렇다면 단문은 잽이고 복문은 훅, 즉 결정타네요."

이 학생의 발표는 『유시민의 글쓰기 특강』의 내용 중 단문쓰기에 나와 있는 글[3]을 힌트 삼아 직접 유튜브 영상을 찾아 발표한 것이다. 아이디어는 유시민의 글에서 얻었다 할지라도 그것에 해당하는 유튜브 영상을 찾아 발표한 것이 대견스러웠다.

노래나 복싱처럼 글쓰기에 꼭 결정타가 필요한 것은 아니다. 그러나 필요 없는 것도 아니다. 한 편의 글은 흐름이 있고 절정이 있다. 절정에서 복문으로 글의 유려함을 보여 주면 좋은 글이 될 것이다. 그런데 절정에서 꼭 복문이나 장문으로 문장

---

[3] '가수가 고음을 시원하게 잘 내면 좋다. 그런데 어떤 노래를 처음부터 끝까지 고음으로만 부르면 어떨까? 청중이 감탄할 수는 있지만 즐기기는 어려울 것이다. 노래는 높은음과 낮은음이 잘 어우러져야 제 맛이다. 고음은 '클라이맥스'에 잠깐 나오는 것으로 충분하다. 그래야 듣는 사람 팔뚝에 소름이 돋는다. 글도 마찬가지다. 계속해서 복문을 쓰면 읽는 사람이 힘들다. 복문은 꼭 필요할 때만 써야 한다.' (유시민, 『유시민의 글쓰기 특강』, 생각의길, 2015)

을 화려하게 장식할 필요는 없다.

실제 글을 써보면 단문으로도 충분히 흐름을 전개하고 절정을 표현할 수도 있다. 동화가 그렇다. 어린이가 읽는 동화는 처음부터 끝까지 단문으로 이어져 있다.(여러분 근처에 있는 아무 동화나 펼쳐 보아라. 정제된 단문들을 만날 수 있을 것이다.)

필자가 감동 받았던 대부분의 글은 복문이나 장문이었다. '어쩌면 이렇게 아름다운 문장을 쓸 수 있을까!'라고 감탄했던 문장들은 긴 문장들이었다. 그래서 나도 이런 문장을 쓰고 싶다고 생각했다. (제대로 된 단문조차 쓰지 못하면서 말이다.) 그래서 가끔 장문쓰기에 도전해보지만 그것이 읽는 이에게 감동을 주는지는 의문이다.

독자에게 감동을 주는 긴 문장을 쓰기 위해서는 단문부터 제대로 쓰는 연습을 하는 것이 중요하다. 필자가 감동 받았던 문장이 대부분 긴 문장이었기 때문에 단문만 써서는 내가 받았던 감동을 다른 이에게 줄 수 없다는 생각을 여전히 가지고 있다. 그렇다면 긴 문장을 쓰긴 써야 할텐데, 언제 긴 문장을 쓸 수 있을까?

단문쓰기를 자주 하여 필력이 붙으면 자연스럽게 긴 문장도 힘들이지 않고 쓸 수 있다. 또 단문으로는 의미를 전달할 수 없어 자연스럽게 문장이 길어지는 때가 있다. 이럴 땐 긴 문장을 쓰되 최대한 자연스럽고 좋은 문장을 쓰도록 노력하면 된다. '여러 번 잽을 날렸으니 이젠 훅을 날릴 때가 되었어.'라는 의무감이나 강박감으로 긴 문장을 쓸 필요는 전혀 없다는 것이다.

글을 쓰다 보면 긴 문장을 쓸 수밖에 없는 지점이 있다. 먼저 그런 곳에서 길면서도 자연스러운 문장을 쓰는 연습을 하면 된다. 길면서도 자연스러운 문장은 화려한 문장, 유려한 문장으로 다가온다. 그리고 어떤 좋은 생각이나 아이디어를 처음 떠오를 때 그것이 긴 문장으로 떠올랐고 굳이 단문으로 나누어 쓰지 않아도 잘 쓸 수 있다는 자신감이 들면 그런 곳에서 긴 문장을 쓰면 된다. 여러분도 복문이나 장문으로 여러분의 글쓰기 실력을 유감없이 드러낼 때가 반드시 있으리라 생각한다.

여러 글쓰기 책에서 말하고 있는 단문쓰기의 내용을 읽어 보자. 유시민 작가는 본인의 글쓰기 책에서 단문쓰기를 강조하면서 단문쓰기 과정이 드러난 자신의 글쓰기 과정을 소개하고 있다. 작가는 본인이 쓴 『거꾸로 읽는 세계사』의 초판본에 나온 다음 글이 단문쓰기가 되지 않은 좋지 않은 글이라고 말하고 있다. 작가의 자신의 글에 대한 평까지 같이 읽어 보자.

> **• 초판 글**
> 　1894년 9월 어느 날, 프랑스의 참모본부 정보국은 프랑스 주재 독일대사관의 우편함에서 훔쳐낸 한 장의 편지를 입수했다. 그 편지의 수취인은 독일대사관 무관인 슈바르츠코펜이었고 발신인은 익명이었으며, 내용물은 프랑스 육군 기밀문서의 '명세서'였다. 스파이 활동의 거점인 독일대사관을 감시하고 배반자를 색출하느라 골머리를 앓고 있던 참모본부는 '명세서'를 작성한 사람이 참모본부 내에 있는 자이거나, 최소한 그런 자와 가까운 연관을 가진 인물이라는 심증을 굳히고 수사를 시작했다.
>
> 　이 단락은 세 문장인데 모두 복문이다. 공연히 어려운 중국 글자말을 많이 썼다. 마치 일본말처럼 조사 '의'를 남발했다. 문장 운율이 맞지 않는다. 결코 잘 쓴 글이 아니다. 『우리글 바로쓰기』를 읽은 후 개정판(1994)을 내면서 문장을 손보았다. 다음은 개정판에서 가져온 같은 단락이다.
>
> **• 개정판 글**
> 　1894년 9월 어느 날, 프랑스 육군 참모본부 정보국 요원이 프랑스 주재 독일대사관의 우편함에서 편지 한 장을 훔쳐냈다. 독일대사관 무관 슈바르츠코펜 앞으로 가는 봉투 안에는 프랑스 육군 기밀문서의 내용을 자세히 적은 '명세서'가 들어 있었고, 보낸 사람은 누군지 알 수 없었다. 그러잖아도 프랑스 군사정보를 독일에 팔아먹는 스파이를 찾아내느라 골머리를 썩이고 있던 참모본부는 이 '명세서'를 작성한 사람이 참모본부 안에서 일하고 있거나 적어도 그 가까이 있는 인물이라고 단정하고 조사를 벌였다.
>
> 　한 차례 손을 보았는데도 여전히 부적절한 표현과 군더더기가 남아 있다. 밑줄 그은 곳이다. 지금 다시 문장을 손본다면 아래와 같이 고칠 것이다. 여기서 말하고자 하는 뜻은 셋 모두 같다. 그러나 문장의 형태와 구조와 운율은 다르다. 어느 것이 나은가? 아래 '다시 고친 글'이 제일 깔끔하고 명확해서 읽기에 좋다. 개정판 글이 그 다음이다. 초판 글이 제일 못났다. 내가 보기엔 그렇다.

- **다시 고친 글**

  사건은 1894년 9월에 일어났다. 프랑스 육군 참모본부 정보국 요원이 프랑스 주재 독일 대사관 우편함에서 편지봉투를 하나 훔쳤다. 독일대사관 무관 슈바르츠코펜에게 보낸 것이었고 발신인은 알 수 없었다. 거기에는 프랑스 육군 기밀문서의 내용을 적은 '명세서'가 들어 있었다. 군사정보를 적국에 팔아먹는 스파이를 찾아내느라 골머리를 썩이던 참모본부는, 이 '명세서'를 작성한 사람이 참모본부 요원이거나 요원과 가까운 인물일 것이라 추정하고 조사를 벌였다.

  단문이 복문보다 훌륭하거나 아름다워서 단문을 쓰라는 것이 아니다. 뜻을 분명하게 전하는 데 편리하기 때문이다. 게다가 단문은 복문보다 쓰기가 쉽다. 주술 관계가 하나뿐이어서 문장이 꼬일 위험이 없다.

  - 유시민, 『유시민의 글쓰기 특강』, 생각의길, 2015

초판 글과 다시 고친 글을 비교해 보면 단문쓰기가 얼마나 중요한지 단박에 알 수 있을 것이다.

은유 작가 또한 글쓰기에서 단문쓰기의 중요성을 학인(학생)의 대화를 통하여 언급하고 있다. 은유 작가가 단문쓰기를 매우 강조한 나머지, 한 학생은 글쓰기에서 가장 도움이 된 것이 '끊어치기'라고 대답하였다는 일화를 소개하고 있다. 그의 책에서 제시하고 있는 단문쓰기에 관련된 다음의 글을 살펴보자.

  "故 김학순 할머니의 증언 이후, 일본 대사관 앞에서 이루어지는 수요집회가 이미 1992년 1월에 시작되어, 오늘에 이르고 있다는 것 역시 모르고 있었음을 반성하며, 23년이 넘는 시간을 매주 수요일에 거리에 나와 여전히 증언하고 규탄하는 오늘에도 100년 전과 다르지 않은 국내외 정세와 더불어, 여전히 해결되지 않고 사과하지 않는 위안부 할머니들의 문제에 안타깝고 몸 둘 바를 모르겠다."

  "故 김학순 할머니가 위안부 최초로 증언했다. 1992년 1월부터 일본 대사관 앞 수요집회가 열리고 있다. 그 사실을 모르고 있었음을 나는 반성한다. 23년간 매주 수요집회가 열려도

> 100년 전과 국제 정세는 다르지 않다. 위안부 문제는 여전히 해결되지 않고 있다. (그들은 사과하지 않는다.) 이 사실이 안타깝고 몸 둘 바를 모르겠다."
> – 은유, 『글쓰기의 최전선』, 메멘토, 2022

위 두 글을 비교하여 보면 위의 글보다 아래의 글이 훨씬 쉽게 읽히고 이해가 된다는 글을 바로 알 수 있다.

이 외에도 여러 작가의 글에서 단문쓰기를 강조하고 있다. 단문쓰기를 습관화하면 누구도 글쓰기에 대한 부담을 가지지 않을 것이라고 생각한다. 단문쓰기 수업의 마지막은 시를 이용한 퀴즈로 장식한다. 수업에서 퀴즈로 활용하는 시 한 편이 있다. 같이 살펴보자.

남으로 창을 내겠소

김상용

남으로
창을 내겠소.

밭이 한참갈이
괭이로 파고
호미론 김을 매지요.

구름이 꼬인다
갈 리 있소.

새 노래는 공으로 들으랴오.
강냉이가 익걸랑
함께 와 자셔도 좋소.

김상용의 시 「남으로 창을 내겠소」(1934)인데 여기까지 시를 보여주고 마지막 2행을 다음과 같이 제시한다. 그리고 몇 번이 원작의 시인지 맞혀보라고 퀴즈를 낸다. 거의 모든 학생들이 같은 답을 말한다. 여러분은 몇 번이 원작 시의 일부라고 생각하는가?

① 왜 사냐고 묻거들랑
　　그냥 웃지요
② 왜 사냐건
　　그냥 웃지요
③ 왜 사냐건
　　웃지요

　위와 같이 세 개의 보기를 주면 거의 모든 학생이 ②번으로 답을 한다. 그러면 필자가 "우리는 지금 단문쓰기를 공부하고 있어요."라고 말하면 몇 학생이 ③번으로 답을 바꾼다. (위 시를 활용한 퀴즈가 앞에서 제시한 단문쓰기와는 직접적인 관련이 없을 수도 있으나 실제 수업시간에 제시하는 단문쓰기에서의 '단문'은 주어와 서술어의 관계가 한 번뿐인 문장, 길이가 짧은 문장의 의미를 모두 포괄하는 것으로 군더더기가 없는 자연스럽고 매끄러운 문장을 지향하는 것임을 강조한다. 이런 의미에서 위의 시를 활용하는 것이다. 교재 p164 글쓰기 지도 중급 10 규칙의 2번에서 '부사어를 쓰지 마라'를 제시하였다.)

CH 3.
문장 성분의 호응

문장 성분의 호응에 대해 본격적으로 살펴보기 위해 문장 성분에 대해 간단히 알아보기로 하자. (문법 사항의 자세한 설명은 글쓰기의 의지를 감소시킨다.)

- **주성분**: 주어, 서술어, 보어, 목적어
- **부속 성분**: 관형어, 부사어
- **독립 성분**: 독립어

나의 아버지는 빨간 구두를 빨리 신으셨다.

- **나의**: 관형어
- **아버지는**: 주어 - 주성분
- **빨간**: 관형어
- **구두를**: 목적어 - 주성분
- **빨리**: 부사어
- **신으셨다**: 서술어 - 주성분

1) 문장 성분의 지나친 생략

글쓰기는 친절해야 한다. 나는 내가 쓴 글을 잘 알고 있지만 독자는 내가 아니기 때문에 내가 쓴 글을 잘 모른다. 그렇기 때문에 글을 쓰는 이는 친절해야 한다. 그것도 아주 많이.

나는 내가 잘 알고 있는 내용을 쓰기 때문에 나도 모르게 중요한 내용들을 생략하는 경우가 있다. 그렇지만 내용을 전혀 모르는 사람의 입장에서 보면 생략이 많은 글은 불친절하게 느껴진다. 문장 성분의 생략은 세 가지 측면에서 볼 수 있다. 주어의 생략과 목적어의 생략 그리고 서술어의 생략이다.

① 주어의 생략
  ㉠ 도서관 공사가 언제부터 시작되고, 또 언제 문을 열지는 불투명하다.
  ㉡ 이순신은 우리에게 널리 알려진 인물이고, 드라마로도 많이 만들어졌다.

② 목적어의 생략
  ㉢ 날씨가 점점 서늘해져 가고 있지만, 청결히 하는 마음은 변치 말아야겠다.
  ㉣ 선생님은 2년 전 추운 겨울에 그의 움막에서 40의 나이로 마치셨다.

③ 서술어의 생략
  ㉤ 비와 바람이 분다.
  ㉥ 운동을 많이 한 동생은 키와 힘이 세었다.
  ㉦ 디카시는 독자의 흥미와 새로운 생각거리를 던져 주었다.

㉠에서 '시작되다'의 주어는 '도서관 공사'이다. 생략되지 않고 잘 제시되었다. 그런데 그 뒤의 문장 '문을 열다'의 주어는 나와 있지 않다. 그래서 '도서관'이라는 주어를 제시해야 한다.

㉡에서 '알려진 인물이다'의 주어로 '이순신'이 잘 제시되어 있다. 하지만 뒤에 이어지는 문장에서는 '이순신의 삶이'라는 주어가 빠져 있다. '이순신의 삶'이라는 주어를 넣으면 옳은 문장이 된다.

㉢에서 '청결히 하다'의 목적어가 생략되어 있어서 어색함을 준다. '몸을' 또는 '몸과 마음을'이라는 목적어를 넣어야 한다.

㉣에서 '선생님은 ○○을 마치셨다.'에서 ○○에 해당하는 목적어가 생략되어 있다. '일생을' 또는 '삶을'이라는 목적어를 넣어야 한다.

㉤에서 바람은 불지만 비는 부는 것이 아니다. 비에 적절한 서술어는 '오다' 또

는 '내리다'이다.

ⓑ에서 힘은 세다가 맞다. 하지만 키는 세다와 어울리지 않는다. '키'라는 주어에 어울리는 서술어를 써야 한다.

ⓢ에서 '디카시'라는 주어와 '독자의 흥미를'이라는 목적어에 어울리는 서술어는 '끌다'이다.

올바르게 고치면 다음과 같다.

> ✓ Check
>
> ㉠ 도서관 공사가 언제부터 시작되고, 또 도서관이 언제 문을 열지는 불투명하다.
> ㉡ 이순신은 우리에게 널리 알려진 인물이고, 이순신의 삶도 드라마로도 많이 만들어졌다.
> ㉢ 날씨가 점점 서늘해져 가고 있지만, 몸과 마음을 청결히 하는 마음은 변치 말아야겠다.
> ㉣ 선생님은 2년 전 추운 겨울에 그의 움막에서 40의 나이로 그의 일생을 마치셨다.
> ㉤ 비가 내리고 바람이 분다.
> ㉥ 운동을 많이 한 동생은 키가 크고 힘이 세었다.
> ㉦ 디카시는 독자의 흥미를 끌고 새로운 생각거리를 던져 주었다.

이렇게 주어와 목적어, 서술어의 생략은 이미 제시된 주어, 목적어, 서술어가 새로운 문장에서도 그대로 주어, 목적어, 서술어의 역할을 할 것이라고 생각하는 착각에서 비롯된다. 새로운 문장에서는 바로 앞 문장과는 상관없이 새로운 문장 성분을 적절하게 제시해주어야 한다.

2) 주어와 서술어의 호응

문장 성분의 호응이란 무엇인가? 문장 성분이 서로 적절하게 어울려야 한다는 뜻이다. 여기서 어울려야 할 문장 성분은 크게 두 가지로 볼 수 있다. 주어와 서술어, 특정 부사어와 서술어의 호응 관계가 바로 그것이다. 먼저 주어와 서술어의 호응 관계를 살펴보자.

그녀의 장점은 성격이 꼼꼼하다.

위 문장의 주어는 '장점'이다. 주어에 어울리는 서술어로 '꼼꼼하다'는 적절하지 않다. 그러면 어떻게 써야 할까?

그녀의 장점은 성격이 꼼꼼하다는 것이다.

위 문장에서 주어는 '그녀'가 아니라 '그녀의 장점'이다. 그래서 주어에 맞게 서술어를 써야 한다. (물론 위 문장은 복문으로 '성격이 꼼꼼하다'가 서술절로 쓰였고 서술절 안에서는 '성격이'가 주어, '꼼꼼하다'가 서술어로 쓰였다. 여기서는 이러한 구체적 문법 사항은 논외로 하고자 한다. 이러한 문법 사항의 제시는 글쓰기의 의욕을 배가시키는 것이 아니라 감소시키는 데에 그 문제점이 있다. 문법 사항이 중요하지 않다는 것이 아니다. 글쓰기의 초보 딱지를 뗀 후에 문법 사항을 학습해도 늦지 않다는 뜻이다.)

위와 같은 오류를 지닌 문장, 즉 주어와 서술어의 호응 관계가 맞지 않는 문장을 쓰는 것(주어를 잘못 인식하여 서술어를 잘못 쓰는 것)은 실제 글쓰기에서 흔히 범하는 실수의 한 예이다.

> ㉠ 내가 그녀를 사랑하는 이유는 그녀가 예쁘다.
> ㉡ 여기서 확실하게 말씀드릴 수 있는 것은 앞으로는 꼭 약속을 지키겠다.
> ㉢ 내가 하고 싶은 말은 아직 늦지 않았으니 새로 시작하기를 바란다.

위 문장들은 모두 잘못된 문장들이다. 다음과 같이 고쳐쓸 수 있겠다.

✓ Check

> ㉠ 내가 그녀를 사랑하는 이유는 그녀가 예쁘기 때문이다.
> ㉡ 여기서 확실하게 말씀드릴 수 있는 것은 앞으로는 꼭 약속을 지키겠다는 것이다.
> ㉢ 내가 하고 싶은 말은 아직 늦지 않았으니 새로 시작하기를 바란다는 것이다.

3) 부사어와 서술어의 호응

초등학생 글쓰기에서 볼 수 있는 흔한 오류 중 하나는 다음과 같은 것이다.

어제도 라면을 먹었다. 왜냐하면 나는 라면을 아주 좋아한다.

'왜냐하면'이 나오면 뒤에 반드시 '때문이다'가 뒤따라 나와야 한다. 그런데 '때문이다'를 빠뜨리는 경우가 적지 않다. 이처럼 특정 부사어에 알맞은 서술어를 뒤에서 반드시 써야 한다. 부사어 자체가 특별한 의미를 지니고 있어서 그 뜻에 맞는 서술어를 써야 하는 것이다. 즉, 부사어와 서술어의 호응 관계를 유념해서 글을 써야 한다. 여기에서는 이러한 특정 부사어와 서술어에 대해서 알아보고자 한다.

① 왜냐하면 ~ 때문이다.
일반적으로 학생들이 가장 많이 실수하는 호응 관계이다.
예) 오늘은 매우 피곤하다. 왜냐하면 어제 잠을 제대로 못 잤다.
　　→ 오늘은 매우 피곤하다. 왜냐하면 어제 잠을 제대로 못 잤기 때문이다.

② 모름지기 ~ 해야 한다.
'모름지기'를 앞에서 쓰면 뒤에 당위의 뜻을 가진 서술어를 써야 한다. '모름지기'와 비슷한 뜻의 '반드시'와 '마땅히'는 뒤에 당위의 뜻을 가진 서술어를 써야 한다는 것을 어렵지 않게 아는데 모름지기는 그렇지 않아 실수하는 경우가 많다.
예) 사람은 모름지기 열심히 공부한다.
　　요즈음 젊은이라면 모름지기 챗GPT를 활용하는 능력을 가지고 있다.
　　→ 사람은 모름지기 열심히 공부해야 한다.
　　요즈음 젊은이라면 모름지기 챗GPT를 활용하는 능력을 가지고 있어야 한다.

③ 비록 ~ (일)지라도(할지라도, 하더라도)

비록은 가정을 전제로 문장을 시작하기 때문에 그것에 어울리는 말을 뒤에서 써야 한다.

예) 비록 그것이 사실이기 때문에 나는 믿을 수 없다.
　　→ 비록 그것이 사실이라 할지라도 나는 믿을 수 없다.

④ 여간 ~ 않다.

'여간'을 앞에 쓸 경우 뒤에 부정 표현을 써야 한다.

예) 학원에서 가르친 제자에게 연락을 받고 보니 여간 반가웠다.
　　→ 학원에서 가르친 제자에게 연락을 받고 보니 여간 반가운 것이 아니었다.

⑤ 마치 ~ 인 것처럼

마치는 가정이나 어떤 대상을 비유적으로 표현할 때 쓰는 말이다. 뒤에 '~처럼, ~인 것처럼'이 와야 한다. 보통 틀리게 쓰는 경우는 많지 않다. 이런 표현을 활용하면 좋겠다는 뜻에서 수록한다.

예) 이리왕 로보는 마치 사람인 것처럼 행동했다.

CH 4.
적절한 단어 쓰기

1) 딱 그 자리에 가장 잘 어울리는 단어 찾기

단어는 저마다 자기만의 고유한 뜻을 가지고 있다. 따라서 그 자리에 들어갈 가장 적절한 단어를 찾아 쓰는 것이 중요하다. 적절한 단어를 쓰는 것에 대해서 설명할 때 가장 일반적으로 드는 예가 참가, 참석, 참여와 예매, 예약이다.

아래 문장을 보자.

> ① 나는 서울시에서 주최하는 마라톤대회에 참석했다.
> ② 나는 서울시에서 주최하는 마라톤대회에 참여했다.
> ③ 나는 서울시에서 주최하는 마라톤대회에 참가했다.

위 문장 중 '나는 서울시에서 주최하는 마라톤대회에 참석했다.'는 어색하다. 그 이유는 간단하다. 우리 언중이 이와 같이 쓰지 않기 때문이다. '참석했다'로 쓸 경우 그 의미는 이해되지만 어색함을 느끼게 된다. '참여했다' 또한 안 되는 것은 아니지만 '참가했다'가 더 적절하다. 그 이유는 무엇일까?

정리하자면 마라톤과 같은 경기 대회에는 참석이란 단어를 사용하는 것이 옳지 않다. 참석이란 '모임이나 회의 따위의 자리에 참여함.'의 의미로 정해진 자리가 있는 경우에 쓰인다. 예를 들면 '회의에 참석했다. 입학식에 참석했다.' 등이 그러한 표현이다. '참여'와 '참가'도 틀린 것은 아니지만 그 뉘앙스에 차이가 있어 의미가 다름을 알아야 한다.

나는 서울시에서 주최하는 마라톤대회에 참여했다.
나는 서울시에서 주최하는 마라톤대회에 참가했다.

여기서 '참여했다'는 두 가지 의미를 지닌다. 선수로 뛰었다는 것과 경기를 준비하고 진행하는 주최 측의 한 사람으로 일을 하였다는 것 두 가지로 해석될 수 있다. 따라서 선수로 뛰었다는 의미로 쓸 경우에는 '참가했다'를 쓰는 것이 가장 자연스럽다.

'참여하다'는 두 가지 의미로 읽힘으로 '주최 측의 일원으로', 또는 '선수로'라는 부사어를 추가하면 말하고자 하는 바가 더욱 분명해져 자연스러운 문장이 된다. 그런데 선수로 참여할 때는 '참가하다'를 쓰게 되므로 '참여하다'는 스태프로 일했다는 의미가 더 적절하게 느껴진다. 따라서 아래와 같이 작성한 문장이 가장 적절하며 두 문장의 차이를 이해할 수 있다.

나는 서울시에서 주최하는 이번 마라톤대회에 주최 측의 일원으로 참여했다.
나는 서울시에서 주최하는 마라톤대회에 참가했다.

위에서 살펴본 바와 같이 유의어 사이에도 미세한 차이가 있음을 알 수 있다. 그 미세한 차이를 이해하고 가장 적절한 단어를 찾아 써야 한다.

예약과 예매도 차이가 있으며 우리는 그 차이를 충분히 잘 알고 있다. 예매는 '표'와 관련이 있을 때 사용한다. 예약은 식당이나 카페와 같은 곳의 자리를 미리 정할 때의 표현으로 사용한다.

수리와 수선도 차이가 있다. 두 단어 모두 사전적 의미를 찾아보면 '고치다'의 뜻을 공통으로 가지고 있다. 그런데 뉘앙스에 약간의 차이가 있다. 수리는 냉장고, 자동차, 휴대 전화와 같은 기계를 고칠 때 사용한다. 수선은 가방, 옷과 같은 직물이 포함된 물건이 낡아서 고쳐 사용할 때 또는 잘못된 것은 없지만 더 적절하게 바꾸어 사용하려 할 때 사용한다. 수리하는 사람은 보통 수리기사라고 부르지만 수선하는 사람에 대한 정식 명칭은 없다. (일부 수선사라고 부르는 사람도 있지만 정식으로 사전에 등재된 단어는 아니다.)

다음은 한 초등학생이 『시턴 동물기』 중 「이리왕 로보」에 대해 쓴 독후감의 일부이다.

> 사냥꾼들은 이리왕 로보를 암살하기 위해 독약과 덫을 놓았다.

여러분은 윗글에서 어디가 틀렸는지 바로 알 것이다. '암살'은 주로 사람을 몰래 살해할 때 쓰는 단어이다. 그런데 죽임의 대상이 사람이 아닌 동물이기 때문에 암살이라는 단어는 적절하지 않다. 실제 『시턴 동물기』에서는 로보를 매우 영리한 동물로 표현하면서 마치 사람인 것처럼 표현한 부분이 여럿 있었다. 이 때문에 학생이 헷갈렸을 수도 있다. 여기서는 '죽이기 위해', '잡기 위해' 정도로 써야 한다.

지금 우리는 어색하지 않은 문장, 자연스러운 문장, 좋은 문장에 대해서 알아보고 있다. 문장은 여러 문장 성분들이 서로 유기적으로 연결되면서 좋은 문장을 만든다는 것을 알 수 있다. 따라서 한 문장에서 적절한 단어를 쓰는 것이 매우 중요하다.

2) 문해력

단어 또는 어휘 이야기를 하자면 최근에 이슈가 되고 있는 문해력 이야기를 하지 않을 수 없다.

심심한 사과

금일

시간이 무료

필자가 최근 대학 신문의 한 칼럼에도 언급한 내용인데, 문해력 이야기를 할 때 위 세 단어가 가장 많은 예로 쓰인다. '심심한'의 뜻을 재미없다는 '무료하다'라는 의미로 이해하는 이가 많다. 그런데 여기서 심심은 다음과 같은 한자어로 구성되어 있다.

심심: 甚 (심할 심), 深 (깊을 심)

그러니까 '깊고 깊은' 사과라는 뜻이다. 고백하자면 필자도 위 한자어를 처음부터 알지는 못했다. 필자도 아주 어렸을 때 심심한을 무료하다는 뜻으로 이해했다. 그러나 그건 말이 안 된다는 것쯤은 눈치로 알고 있었다. 그래서 문맥을 살펴보고 내 마음대로 마음 심, 깊을 심으로 이해해버렸다. 마음 깊이 사과한다. 그러니까 말이 되었다. 나중에 사전을 찾아보니 심할 심, 깊을 심이었다.

그리고 금일은 금요일로 오해하는 학생들이 많이 있다. 금일은 오늘을 말하며, 어제는 작일, 내일은 명일이라는 한자를 사용한다. 대학에서 한 교수가 '이번 과제는 금일 12시까지 내세요.'라고 공지를 했는데 몇 학생이 금요일로 오해를 해서 정해진 기간에 내지 못했다는 이야기가 있다. 그런데 이야기가 여기서 끝나지 않는다. 한 학생이 교수에게 왜 헷갈리는 단어를 사용해 공지를 했느냐고 따져 물었다고 한다.

마지막으로 시간이 무료하다는 것에 대해서는 EBS의 유명한 광고가 있다. EBS의 유명한 문해력 프로그램을 소개하기 위해 인용한 예가 '시간이 무료하다'이다. 아버지와 아들이 대화를 나누는 데 아들이 아버지에게 "아빠, 시간이 무료하다가 무슨 말이야? 시간이 공짜야?" 이렇게 질문하자 아버지가 매우 놀란다. 그러면서 자연스럽게 EBS 문해력 프로그램을 소개하고 있다.

문해력은 리터러시와 직결되는, 학술적 깊이가 있는 용어인데 아주 간단히 말하면 '단어의 뜻을 얼마나 정확히 알고 있느냐'로도 이해할 수 있다. 문해력을 향상할 수 있는 길은 독서가 유일하다. 그러나 독서만으로는 완벽하지 않다. 그럼 무엇을 더 해야 하는가?

3) 내면화-완전한 자기의 것으로 만들어야 한다.

어휘력의 확장은 단순히 이해의 영역에서 완성되지 않는다. 표현 영역까지 나아가야 한다. 다시 말하면 어휘의 확장을 포함한 문해력의 확장 및 완성은 표현 영역인 쓰기를 통해 완성된다.

한 학생이 다음과 같은 문장을 썼다.

> 나는 그 사진을 보고 그가 20여 년 전 헤어졌던 친구였음을 단박에 알아보았다.

여기서 주목할 만한 단어는 '단박에'이다. 지금 이 문장을 읽는 이들은 '단박에'라는 단어의 뜻이 뭐라고 생각하는가? '바로', '단번에' 이런 뜻으로 이해할 것이다. 맞다. 그런 뜻이다. 그렇다면 '단박에'는 '단번에'와 어떻게 다른가? '단박에'는 한자어인가?

윗글을 쓴 학생은 '단박에'라는 단어를 몇 번 접하였다. 하지만 그것을 바로 사용하지는 못했다. 왜냐하면 '단박에'보다는 '단번에'가 훨씬 익숙했기 때문이다. 그러나 학생은 위 문장에서 '단박에'를 씀으로써 '단박에'라는 단어를 완전히 자기 것으로 만들 수 있었다. 하여 위 문장을 쓴 후로는 '단박에'라는 단어를 쓰는 데 어색해하거나 주저하지 않게 되었다.

또한 '곱살스럽다'란 단어도 그렇다. 한 학생이 다음과 같은 문장을 썼다.

> 예전 할아버지께서는 감기 걸린 나의 얼굴을 보실 때마다 "곱살스럽다."라고 말씀하셨다.

이 학생도 '곱살스럽다'란 단어를 쓰는 데 짧지 않은 시간이 걸렸다. 학생의 입장에서는 할아버지가 사용하여 평소에 들었던 단어인데도 자신의 글쓰기에서 사용하지 않다 보니 직접 쓰는 것이 매우 어색했던 것이다. 그러나 한 번 사용하게 되자 이 단어가 낯설게 느껴지지 않고 자주 사용할 수 있게 되었다. 이렇게 어휘 확장은 글 쓰는 이가 직접 표현하는 영역인 쓰기에서 자주 사용함으로써 이루어지고 완전해지는 것이다.

4) 어휘력을 키울 수 있는 방법

① 국어사전을 가까이하고 자주 활용하자.

필자의 학창 시절에는 대부분의 학생들이 영어 사전을 가지고 있었다. 그런데 국어사전은 없는 학생들이 많았다. 참 안타까운 일이었다. 아마 입시의 영향 때문이었을 것이다. 우리말의 정확한 의미를 알기 위해 노력하는 일이 외국어를 아는 일보다도 우선되어야 할 텐데 그러지 못했다. 지금은 전자사전이 흔하게 보급되었으니 꼭 종이로 된 국어사전을 준비하라고 강요할 수도 없는 현실이다. 전자사전을 이용해서라도 국어사전을 자주 사용해야 할 것이다.

② 단어 하나하나에 주의를 기울여 글을 읽자.

사교육 현장에서 학생들이 다음과 같은 대화를 나누는 것을 들은 적이 있다.

> 가: 너 이번에 국어 성적 많이 올랐더라. 어떻게 하니까 국어 성적이 그렇게 올랐어?
> 나: 특별한 것은 없어. 전에는 지문을 읽을 때 그냥 대충 읽었는데 지금은 좀 자세히 읽어. 뭐랄까, 단어 하나하나를 밟으면서 읽는다고 할까.

이 대화를 옆에서 듣는데 좀 놀랐다. 필자의 읽기 습관을 들킨 것 같았기 때문이다. 말 그대로 그냥 읽었었는데, 단어 하나하나를 밟으며 읽는다니. 우리나라의 수능 국어 시험은 일반적인 국어 지식을 묻는 시험이라기보다는 독해력을 측정하는 시험이라고 볼 수 있다. 이런 시험에서는 지문을 읽을 때 단어 하나하나에 주의를 기울여 읽어야 한다는 사실을 학생은 알고 있었던 것이다. 일반적인 독서에서도 단어를 주의 깊게 읽는 습관이 중요하다.

③ 어휘력을 높여야겠다는 생각을 가지자. - 자기만의 단어장 만들기

필자가 외국어를 사용하면서 항상 느끼는 불편한 점은 단어를 많이 알지 못한다는 것이다. 그러면서 최근 문득 든 생각이 국어의 영역에서는 '내가 모르는 단어가 별로 없구나.'라는 생각이었다. 아마 독서의 영향일 것이다. (앞에서 말했듯이 알고 있는 것만큼이나 사용할 줄 아는 것이 중요하다.) 일상생활에서 내가 이해하지 못하는 단어가 많이 있다면 나의 어휘력이 빈약함을 깨닫고, 어휘력을 높여야겠다는 생각을 하는 것이 중요하다. 이러한 노력의 일환으로 자기만의 단어장을 만드는 것도 좋은 방법이다.

④ 단어의 어원에 관심을 가져 보자.

학창 시절 수업 시간에 '호떡집에 불났네'라는 관용어구의 근거를 잘못 사용하여 지적을 받은 일이 있었다. 어떤 말을 인용할 때에는 반드시 그 근거를 정확히 밝혀야 한다는 설명을 자주 듣던 차에 '호떡집에 불났네'의 근거를 열심히 찾아 밝혔는데 당시 선생님께서는 필자가 밝힌 근거가 여러 설 중의 하나이지, 그것만이 확실한 근거는 아니라는 뜻이었다. 지적도 하셨지만 근거를 찾으려는 노력은 가상하다는 말씀을 하셨던 것 같다. 필자도 선생님의 말씀 덕에 '호떡집에 불났네'라는 말의 어원을 찾아보는 경험을 하면서 단어나 말의 어원을 알아가는 것에 대한 재미를 깨닫게 되었다.

역사적 사실도 많이 알게 되는 부수적 효과도 있다. '시치미를 떼다'라는 관용어에서는 고려 시대에 원나라의 문화가 많이 유입되었음을 알 수 있고, 매사냥이라는 전통문화에 대해서도 알 수 있었다. 단어의 어원에 관심을 갖는 것은 언어생활을 풍요롭게 만드는 데 중요한 역할을 한다.

CH 5.
문단 쓰기

문단이란 문장이 모여서 이루어진, 하나의 집약된 생각이 표현된 글의 단위이다. 다른 말로 단락이라고도 한다. 말과 글의 눈에 띄는 형식적인 차이 가운데 하나가 문단(단락) 구성하기이다. 어떤 이가 말을 아무리 잘한다 해도 듣는 이가 문단을 나누며 들을 수는 없다.

형식적으로 하나의 문단은 한 칸 들여쓰기로 시작하여 그 다음 칸 들여쓰기 이전까지의 연속된 문장들을 말한다. 하나의 문단이 시작하여 끝날 때까지는 문단 내용 중간에 독립된 인용문이 끼어드는 것 외에는 어떠한 경우에도 행의 첫 칸을 비워서는 안 된다. 문단(단락) 구성 시의 절대적 요건이다.

문단의 개념은 나열되는 글자들이 의미 단위로 묶일 수 있음을 전제로 한다. 글 전체를 일정하게 나누어진 부분 집합의 합으로 이해한다면 읽기를 위해서라도 문단(단락) 구성하기는 필수적이다. 문단을 바라보는 관점은 2가지이다. 글 전체를 생각하며 문단을 바라보는 관점과 하나의 문단 안에서의 문장의 유기적 관계를 살피는 관점이다.

1) 글 전체에서의 문단의 균형성

글쓰기를 지도하다 보면 문단을 나누지 않는 학생들이 있다. 줄글을 계속 써내려가는 것이다. 이런 학생은 문단을 나누어서 쓰는 것을 어색해한다. 그래서인지 하나의 문단을 끝내고 줄을 바꾸어 새로운 문단을 시작할 때 적용하는 들여쓰기를 하지 않거나 못한다. 심한 경우 들여쓰기 자체를 인지하지 못하는 경우도 있다.

글을 쓸 때는 당연히 문단을 나누어야 한다. 그리고 비교적 짧은 글을 쓸 때에는 하나의 글을 몇 개의 문단으로 나눌지 미리 생각해봐야 한다. 짧은 글은 보통 3~5개의 문단으로 나누어서 글을 완성할 수 있다.

이때의 문단 나누기란 글을 전개하는 방법과도 관련이 있다. 만약 4개의 문단으로 나눈다면 첫 문단은 시작, 둘째 문단과 셋째 문단은 중간 즉, 말하고자 하는 핵심 내용의 전달, 넷째 문단은 마무리의 역할을 하는 것이다. 이때 시작하는 방법과 시작 이후에는 어떤 자연스러운 방법으로 핵심 내용을 전달할지, 마지막 문단에는 어떻게 정리하고 마무리할지를 고민해야 한다.

글 전체의 관점에서 네 개의 문단을 바라볼 때 가장 중요한 요소는 균형감이다. 여기서 균형감이란 네 개의 문단이 서로 비슷한 길이로 되어 있어야 한다는 뜻이다. 어느 한 문단이 지나치게 짧거나 길면 좋은 글이 되지 못한다.

지금 여러분 주변에 있는 아무 책이나 들어 아무 곳이나 펴보아라. 그리고 들여쓰기를 살펴보면서 문단을 살펴보아라. 그 책이 특별한 목적 아래 쓰인 책이 아닌 일반적인 책이라면 문단이 제법 균형 있게 나누어져 있음을 확인할 수 있을 것이다. 지금 여러분이 보고 있는 이 책을 보아도 될 것이다. 이 책의 아무 쪽이나 펴서 살펴보아라. 제법 문단이 균형 있게 나누어져 있을 것이다.

우리가 글을 쓸 때 기계적이고 형식적으로 문단의 길이를 정확하게 정하여 나누어 쓸 수는 없다. 하지만 어느 정도의 균형 잡힌 문단 나누기를 하면서 글을 써야 한다. 다음 글을 보자. 네 개의 문단이 거의 비슷한 분량으로 이루어져 있다.

> 일본은 우리와 매우 가까운 나라이다. 특히 일본은 우리사회의 변화에 늘 주목하고 있다. 그에 비하면 일본에 대한 우리의 주의는 그렇지 못하다. 그런데 최근 일본 사회에서 우리가 주목할 만한 일이 있다. 그것은 바로 대학입시제도 폐지를 바탕으로 하는 교육혁명이다. 동아시아에 주입식교육으로 대표되는 입시교육체계를 정착시킨 일본이 2013년 시범적으로 100년 이상 유지해온 대학입시제도를 폐지하고 유럽의 바칼로레아를 본딴 논술시험으로 대입제도를 대체하는 교육혁명을 단행하였다. 이 제도는 2021년 완성되었다. 이 제도에 대하여 프랑스식 바칼로레아를 흉내낸 것에 불과하다는 평가도 있지만 간과할 수 없는 중요한 점은 일본이 교육혁명을 단행했다는 그 자체이다.
>
> 일본의 새로운 입시제도인 국제 바칼로레아는 제시문도 주어지지 않은 채 질문만 주어진

다. 응시자는 질문의 답을 1800자 내외의 논술문으로 작성해야 한다. 우리나라처럼 정해진 교과서와 참고서를 중심으로 학습한 후 객관식 시험에서 답을 찾는 방식으로는 해결할 수 없는 문제유형인 것이다. 1800자 내외의 논술문을 작성하기 위해서는 고전, 인문학, 과학기술 서적을 비롯한 다양한 책들을 섭렵하고 수많은 주제를 바탕으로 토론하고 논증하는 훈련이 평소에 이루어져야 한다. 일본이 이렇게 교육혁명을 단행한 결정적 이유는 지금까지의 교육체계로는 다가오는 제4차 산업혁명시대와 인공 지능시대를 대비할 수 없는 이유에서이다.

그렇다면, 지금까지의 교육은 무엇을 위한 것이었나? "에이트"의 저자 이지성은 그의 책에서 근대 이후 현재까지의 교육체계는 산업혁명과 전쟁에 필요한 노동자와 군인을 양성하기 위한 것이라고 말하고 있다. 그것의 근거로 공장, 군대, 학교에서의 제도의 유사성을 제시하고 있다. "군대의 상관은 부하들에게 명령을 내리고 부하들은 그것을 기계처럼 수행한다. 공장의 장은 휘하 노동자들에게 일방적으로 작업지시를 내리고 노동자들은 그 지시를 기계처럼 수행한다. 교사는 학생들에게 일방적으로 지식을 전달하고 학생들은 그 지식을 기계처럼 암기한다." 이지성은 이러한 기계적이고 형식적인 교육체계로는 미래의 인공 지능시대를 대비할 수 없으며 오히려 인간이 인공 지능에 의해 대체될 수 있다고 경고하고 있다.

그렇다면, 미래의 인공 지능시대를 대비할 수 있는 교육에는 어떤 것이 있을까? 이지성을 비롯한 많은 연구자들이 그것의 해결책으로 인문학을 제시하고 있다. 연구자들은 인공 지능이 아무리 뛰어나도 공감능력과 창의력은 갖출 수 없다고 말한다. 그렇다면 우리 인간이 인공 지능이 대체할 수 없는 공감능력과 창의력을 갖춰 나가는 길에는 무엇이 있을까? 많은 학자들은 이것에 대한 유일한 해결책을 인문학에서 찾는다. 인문학, 특히 동서양 고전 탐독을 통하여 인간의 본질을 탐구하고 이해하는 것이 미래사회에서 인공 지능에 대체되지 않은 인간의 주체성을 확보하는 길이라고 말한다.

　글을 평가하는 심사위원이 가장 먼저 보는 것은 글의 내용이 아니라 형식 요소이다. 글의 문단이 균형 있게 나누어져 있지 않다면 처음에 좋은 인상을 주기 어렵다. 글의 문단이 균형 있게 나누어져 있다면 심사위원은 '자신의 생각을 몇 단계로 적절하게 나누어 전달하려고 하는 군!'이라며 긍정적으로 평가하게 된다.

　요즘 충청도 사람들의 화법이 화제이다. 개그의 한 요소로 쓰이기도 한다. 충청도 사람들은 상대를 만나 이야기를 할 때 절대 본론을 처음부터 직설적으로 말하지 않는다고 한다. 본론을 말하기 위해 상당히 긴 서론을 거친다고 한다. 충청도 사람들뿐이겠는가? 보통의 사람들은 본론의 이야기를 바로 하지 않고 서론을 거친다. 유독 충청도 사람들의 서론이 다른 고장의 사람들보다 길기 때문에 이런 이야기가 나왔을 것이다.

글도 결국 독자와의 만남이다. 특정한 목적을 가진 글이 아닌 이상 독자를 만나자마자 본론을 이야기하기 쉽지 않다. 가벼우면서도 독자의 호기심을 충족시키면서 시선을 끌 수 있는 서론을 써야 한다. (이런 이유로 첫 문장 쓰기가 쉽지 않다.) 서론 다음에는 자연스럽게 본론으로 넘어가서 자신이 말하고자 하는 핵심 내용을 펼쳐야 한다. 그리고 마지막 문단에서는 앞의 내용을 요약 정리하여 마무리할 수 있도록 한다. 상황에 따라 당부의 내용을 담을 수도 있다.

이렇게 전체 글에서 각 문단의 역할이 분명함을 알 수 있다. 처음, 중간, 끝에 대한 인식은 글을 쓸 때의 기본이면서 문단 나누기로 표현된다. 문단의 역할에 맞게 적절한 길이의 문단을 쓸 줄 알아야 하고, 이것은 전체적으로 균형감 있게 구성되어야 한다.

필자가 문단의 균형감을 강조하는 것은 대학원에서 지도해주신 한 선생님의 글쓰기에서 주된 강조 사항이었는데, 이것을 강준만 교수의 글에서도 확인할 수 있었다.

> 단락 구분을 하면서 글을 쓰겠다고 마음먹는 순간 한 단락엔 하나의 주장이나 아이디어가 들어가는 게 좋겠구나 하는 생각이 저절로 들 것이다. 단락 구분은 읽는 사람에게 숨 쉴 시간을 주는 동시에 글의 흐름을 매끄럽게 하고 의미를 확실하게 만드는 데에도 꼭 필요하다. 단락을 나누다 보면 글의 전반적인 **균형 감각**을 검증하게 될 기회도 갖게 된다.
> - 강준만, 『글쓰기 뭐라고』, 인물과사상사, 2018

2) 글 전체에서의 문단의 역할과 구성

하나의 글은 여러 개의 문단으로 이루어진다. 문단 간 연결 관계의 상호 유기적 관계성은 좋은 글의 성패로 연결된다. 여러 문단의 상호 유기적 관계를 '구성'이라는 이름으로 살펴보려고 한다.

글의 장르에 따라 구성도 다양하다. 여기서는 가장 일반적인 구성인 자연적 구성과 논리적 구성을 간단히 살펴보고자 한다. 논리적 구성은 글에서 각 문단이 어떤 역할을 하느냐에 관한 것이다. 먼저 논리적 구성을 살펴보자.

논리적 구성은 단계식 구성과 포괄식 구성으로 나누어 볼 수 있다. 실제 글을 쓸 때 몇 단계로 글을 나눌지를 고민하는 것이 단계식 구성이다. 가장 일반적인 단계식 구성은 처음 - 중간 - 끝이다. (설명문에서는 머리말 - 본문 - 맺음말, 논설문에서는 서론 - 본론 - 결론이라고 나누어 말할 수 있는데 구분 자체가 중요한 것은 아니다.) 글의 처음과 중간, 끝을 설정하는 것 자체가 이미 독자를 염두에 두고 있다는 증거이다.

글의 장르와 목적에 따라 문단의 역할은 다양하다. 시작 단계의 문단도 여러 가지이다. 단순 도입의 문단, 독자의 호기심을 자극하거나 배경지식을 활성화하는 문단, 문제를 제기하는 문단, 주의를 환기시키는 문단, 지금 우리가 처한 현상을 확인하는 문단 등 시작하는 문단의 성격이 여러 가지가 있음을 알 수 있다.

중간 단계의 문단은 제기된 문제에 대해 구체적 설명을 하는 문단, 독자의 호기심으로 시작하여 자연스럽게 핵심 내용을 전달하는 문단, 단순 도입에서 화제를 발전시켜 전개해 나가는 문단, 제기된 문제에 대해 해명하고 구체적 증거를 드는 문단 등으로 나누어 볼 수 있다. 중간 단계의 문단은 글쓴이가 말하고자 하는 핵심 내용을 담는 문단이다.

끝 단계의 문단은 마무리의 성격을 지니고 있다. 대체적으로 앞에 제시된 내용을 요약, 정리하고 상황에 따라 당부의 내용을 담기도 한다. 이렇게 처음 - 중간 - 끝 단계의 문단의 성격을 간단히 살펴보았는데 모든 글이 3단계로만 이루어지는 것은 아니다. 구체적으로 글을 전개해 나가는 양상에 따라 4단계, 5단계로도 나눌 수 있다.

자연적 구성은 시간적 구성과 공간적 구성으로 나누어 볼 수 있다. 우리의 일상생활은 시간의 개념과 공간의 개념이 마치 씨줄과 날줄의 관계처럼 얽혀 있다. 우리가 시간과 공간의 개념을 이해하고 그것을 글쓰기에 활용한다는 것은 우리 자신의 삶을 메타적으로 인지한다는 중요한 증거이기도 하다. 시간적 구성과 공간적 구성을 활용한 쓰기는 글쓰기에서 가장 기본적인 것으로, 글쓰기를 시작하는 단계에서 연습해야 하는 필수적인 과정이다.

시간적 구성은 시간적 흐름에 따라 글을 전개하는 방법이다. 과거 – 현재 – 미래로 이어지는 자연스러운 시간 전개에 따른 구성이다. 시간의 흐름을 그대로 따르는 구성을 '순행적 구성'이라 한다. 상황에 따라 시간을 뒤죽박죽 섞어 놓을 수 있다. 미래를 과거 이전에 보여주기도 한다. 보통 글의 주제를 효율적으로 전달하기 위해 이러한 방법을 쓰는 데 이러한 구성을 '역순행적 구성'이라 한다.

공간적 구성은 공간의 모습을 차례대로 보여주는 것이다. 그런데 보이는 공간이란 것이 보는 이의 시선에 의해 드러나는 것이기 때문에 글쓴이의 시선에 따른 구성이라고 해도 크게 다른 것은 아니다. 예를 들면 왼쪽에서 오른쪽으로, 오른쪽에서 왼쪽으로, 위에서 아래로, 아래에서 위로, 가까운 곳에서 먼 곳으로, 먼 곳에서 가까운 곳으로 등이 있다. 어떠한 방법을 써도 상관없다. 다만 하나의 방법을 일관되게 쓸 필요가 있다. 여러 방법을 쓰면 일관성이 없게 되어, 읽는 이 입장에서는 매우 혼란스러워 글의 내용을 제대로 파악하기 어렵다.

이 밖에도 인과적 구성을 들 수 있다. 글을 원인 – 결과에 따라 구성하는 것이다. 반대로 먼저 결과에 해당하는 어떤 현상을 제시하고 그 원인을 뒤에서 제시할 수도 있다. 원인 – 결과의 구도가 명백한 글을 쓰거나 어떤 현상의 원인을 밝힐 때 사용하는 유용한 방법이다.

3) 문단 자체의 구성 원리 - 문단 자체로서의 문단 쓰기

하나의 문단은 하나의 중심 문장과 여러 개의 뒷받침 문장으로 이루어져 있다. 여러 개의 뒷받침 문장이 하나의 중심 문장을 향하고 있고, 이러한 여러 개의 문장이 유기적으로 연결되도록 글을 쓴다는 것은 상당한 노력과 실력이 필요한 것이다. 중심 문장과 뒷받침 문장의 역할을 분명히 구분할 수 있고 이러한 문장들을 유기적으로 연결하여 글을 쓸 수 있다면 글쓰기의 상당한 실력자임을 부인하지 않아도 될 것이다.

하나의 완성된 문단을 쓰는 데에는 여러 요소들이 복잡하게 얽혀 있다. ① 중심 문장(소주제문)을 쓰는 요령, ② 중심 문장의 위치, ③ 문단 안에서 글을 전개하는 방법, ④ 글의 서술 방식 등을 종합적으로 생각하며 글을 써야 한다.

① 중심 문장(소주제문)을 쓰는 요령

중심 문장은 명확하게 쓰자. 자신이 하고 싶은 이야기를 정확히 쓸 필요가 있다. 그러나 실전 쓰기에서 이것은 쉽지 않다. 모든 글들이 정확한 하나의 문장으로 나의 생각을 표현할 수 있는 것은 아니기 때문이다. 글을 쓰다 보면 문단 안에서 하나의 문장으로 나의 생각을 정확히 표현할 때가 있다. 이럴 때는 기분이 좋다. 그러나 매번 이러한 것은 아니다. 그럴 때는 '되는대로 써라!' 이렇게 필자는 말하고 싶다. 나쁘지 않다. 한 문장으로 나의 중심 생각을 전달하면 좋으련만, 그게 안 된다면 일단 쓰이는 대로 놔두는 것도 괜찮다. 다만 앞으로는 제대로 된 하나의 중심 문장을 써야겠다는 마음가짐만은 버리지 말자.

하나의 중심 문장과 그 중심 문장을 향하여 존재하는 뒷받침 문장들이 제 역할을 확실히 하고 있는 모범적인 글을 하나 소개한다. 우리가 중심 문장과 뒷받침 문장이 상호 유기적으로 연결되어 있는 좋은 글을 쓰지 못한다 하더라도 글을 읽고 나면 '아하, 이 글은 중심 문장과 뒷받침 문장이 잘 연결되어 있네.'라고 보는 눈이 생길 것이다. 이러한 점을 알아내기에 쉬운 대표적인 글이 있다.

> 나무는 주어진 분수에 만족할 줄 안다. 나무로 태어난 것을 탓하지 아니하고, 왜 여기 놓이고 저기 놓이지 않았는가를 말하지 아니한다. 등성이에 서면 햇살이 따사로울까, 골짜기에 내려서면 물이 좋을까 하여 새로운 자리를 엿보는 일도 없다. 물과 흙과 태양의 아들로 물과 흙과 태양이 주는 대로 받고, 후박과 부족을 말하지 아니한다. 이웃 친구의 처지에 눈떠 보는 일도 없다. 소나무는 소나무대로 스스로 족하고, 진달래는 진달래대로 스스로 족하다.
> -이양하, 『나무』, 1964

이 글은 첫 문장이 중심 문장이다. 나머지 문장은 뒷받침 문장인데 모두 중심 문장을 향하고 있으면서 중심 문장을 부연하고 있다. 한 문단 안에서 이상적인 문장의 배열이다. 하나의 중심 문장과 다섯 개의 뒷받침 문장, 모든 뒷받침 문장은 중심 문장을 향하고 있다. 이러한 문단을 쓰는 것을 목표로 하여야 한다. 실전에서는 쉽지 않은 일이다.

② 중심 문장의 위치

중심 문장의 위치에 따라 두괄식, 미괄식, 양괄식, 병렬식 등으로 나눌 수 있다. 중심 문장이 문단의 처음에 위치하면 두괄식, 마지막에 위치하면 미괄식이다. 처음과 끝 두 곳에 위치하면 양괄식, 주요 내용을 나열하여 제시하면 병렬식으로 이해할 수 있다.

③ 문단 안에서 글을 전개하는 방법

문단 안에서 글을 전개하는 방법은 우리가 살펴본 글 전체에서 문단을 전개하는 방법과 유사하다. 글 전체에서 문단을 바라보았던 시각을 문단 안에서 문장을 바라보는 시각으로 바꾸면 된다. 시간적 전개, 공간적 전개, 원인과 결과에 따른 전개, 핵심 내용을 나열하는 병렬식 전개 등이 있다.

④ 글의 서술 방식

글의 서술 방식은 다음과 같이 나눌 수 있다.
- **설명**: 지정, 정의, 비교, 대조, 분류, 분석, 예시
- **묘사**: 객관적 묘사, 주관적(인상적) 묘사
- **서사**: 3요소(인물, 사건, 배경), 5단계(발단-전개-위기-절정-결말)

우리는 위의 서술 방식에 대해 중·고등학교 시절 공부했고 시험도 여러 번 치렀다. 여기서는 위 서술 방식에 대해 다시 한번 알고자 하는 것이 아니다. 이러한 서술 방식을 나의 글쓰기에 어떻게 적용할 것이냐를 고민하는 것이다.

4) 설명

① 지정

가장 단순한 형식으로 대상을 손가락으로 가리키듯 지적하여 설명하는 방법이다. 지정을 사용할 때는 불필요한 수식어를 자제할 필요가 있다.

예) 나는 절대적으로 일희일비하는 사람이다. ~

② 정의

우리는 '~란 ~이다'의 형태로 제시되며 어떤 단어나 사물의 뜻을 명백히 밝혀 규정하는 것을 정의라고 배워 왔다. 다음 백과사전을 찾아보면 '어떤 개념의 외연에 대하여 내포를 구성하는 여러 속성 가운데 본질적인 속성을 제시하여 그 내포를 한정하는 일'이라고 나와 있다. 내포를 한정한다는 것을 글쓰기에 적용하여 말하자면 자신이 말할 대상이나 개념의 범위를 보다 좁혀 정확하게 제시하겠다는 것이다.

예를 들어 청소년이나 노인에 대한 정의가 그것이다. 청소년과 노인에 대한 정의는 하나로 정해져 있지 않다. 청소년 같은 경우 법령에 따라 또는 단체에 따라 규정하는 바가 다르다. 노인도 마찬가지이다. 이렇게 그 대상이 명확하지 않을 경우 글쓴이는 이 대상을 좀 더 명확히 할 필요가 있고, 이때 정의를 활용하면 된다.

예) ㉠ 본 글에서 말하는 청소년은 학년제에서 볼 때 중학교 1학년부터 고등학교 3학년까지의 학생을 말하며 학교에 다니지 않는 경우 이에 준하는 사람을 말한다.

㉡ 여기에서 말하는 노인은 법정 연령이 만 72세 이상의 사람을 말한다.

위와 같이 대상을 좀 더 명확히 하고자 할 때 정의의 방법을 활용할 수 있다. 정의란 가볍게 '~란 ~이다, ~은/는 ~이다'를 표현하여 단어나 사물 등을 지칭할 수 있다. 그리고 어떤 대상의 범위를 좁혀 좀 더 명확하게 하고자 할 때도 쓰인다.

③ 비교와 대조

비교와 대조는 둘 이상의 대상을 견주는 것이다. 그런데 비교는 대상의 유사점이나 공통점에 초점을 맞추는 것이고, 대조는 차이점이나 다른 점에 초점을 맞추는 것이다. 서술 방식 중 하나인 '비교'와 우리가 일상생활에서 쓰는 '비교'는 뜻에 약간의 차이가 있다.

예) 엄마: 옆집 아이는 이번 시험에서도 100점을 맞았다는구나. 너는 언제나 100점은커녕 80점이라도 맞아볼래.

　　아이: 엄마, 옆집 아이랑 저를 비교하지 마세요. 다른 아이랑 비교하는 거 너무 싫어요.

　　엄마: 옆집 아이는 시험 때마다 100점을 맞았고 너는 80점도 못 맞지 않았니? 둘의 차이점을 말하는 것이니 이럴 때는 '나와 옆집 아이를 대조하지 말아 주세요.' 이렇게 말하는 것이란다. 네가 이러니 시험을 못 보지.

이렇게 말하는 부모님은 없을 것이다. 일상생활에서 쓰는 비교와 서술 방식에서 말하는 비교의 의미가 약간은 다르다는 것을 알고 있어야 한다.

- **비교**: 미생물이 유기물에 작용하여 물질의 성질을 바꾸어 놓는다는 점에서 발효는 부패와 비슷하다.
- **대조**: 발효는 우리에게 유용한 물질을 만드는 반면에, 부패는 우리에게 해로운 물질을 만들어 낸다는 점에서 차이가 있다.

④ 분류

사물을 일정한 기준에 의하여 무리 짓게 하고 다른 무리와 구분하여 설명하는 방식이다. 여기서 중요한 것은 분류의 기준이 하나여야 한다는 것이다. 보통 '~으로 구분된다, ~으로 나눌 수 있다'와 같은 표현을 사용한다.

예) ㉠ 서술 방식에서 설명은 지정, 정의, 비교와 대조, 분류, 분석, 예시로 나눌 수 있다.

　　㉡ 사람은 피부 색깔에 따라 황인종, 흑인종, 백인종으로 나눌 수 있다.

⑤ 분석

하나의 대상이나 관념을 그것의 구성 요소로 나누어 자세하게 설명하는 방식이다. 보통 '~으로 구성되다, ~으로 이루어져 있다'와 같은 표현을 사용한다.

예) ㉠ 자동차는 차체, 엔진, 타이어, 내부 인테리어로 이루어져 있다.
　　 ㉡ 사람은 머리, 몸통, 팔다리로 구성되어 있다.

⑥ 예시

구체적인 사례를 활용하는 방식으로, 일반적인 내용을 특수한 예시를 통해 설명하면 이해하는 데 도움이 된다. 보통 '가령, 예를 들어, 이를테면'과 같은 표현을 사용한다.

5) 묘사

묘사란 보고 들은 것이나 마음으로 느낀 것을 그림 그리듯이 자세하게 표현하는 방식이다. 객관적 묘사와 주관적 묘사가 있다.

① 객관적 묘사: 작가의 주관을 더하지 않고 대상을 있는 그대로 그려내는 방식이다. 설명적 묘사라고도 하며, 실험 보고서나 관찰일지 등에 적합하다. 구체적으로 작성하는 것이 중요하다.

② 주관적 묘사: 어떤 모습이나 상황을 그려 내는 기술 방법 가운데 관찰자의 시각과 느낌에 따라 주관적으로 기술하는 방식이다. 인상적 묘사, 암시적 묘사라고도 한다. 작가의 주관적 감정에 의지하여 독자에게 강한 인상과 뚜렷한 이미지를 암시하도록 그려내는 것이 중요하다.

6) 서사

서사란 어떤 사건이나 상황을 시간의 흐름에 따라 있는 그대로 적는 것을 의미한다.

① 서사의 3요소는 인물, 사건, 배경으로, 소설 구성의 3요소와 같다. 결국 서사란 어떤 인물이 어떤 배경 아래에서 벌이는 사건의 흐름으로 이해할 수 있다.
② 서사의 단계는 보통 발단, 전개, 위기, 절정, 결말의 단계를 거치도록 구성한다. 상호 단계의 연결 고리는 인과적인 논리에 입각한다. 그래야 그 서사가 논리적 짜임새와 사실성을 획득할 수 있다.

위와 같이 글의 서술 방식을 살펴보았다. 서술 방식을 살펴보고 나니 어떠한가? 글쓰기 동력이 무한정 늘었는가? 그렇지 않을 것이다. 오히려 글쓰기 동력이 많이 감소하였을 것이다. (그래서 여기에서는 서술 방식 중 최소한의 것만 제시하였다.) 이러한 학습은 글쓰기 동력을 감소시킨다는 것에 그 문제점이 있다. 그러나 서술 방식을 무시하고 넘어갈 수는 없다. 우리는 서술 방식에 대해 잘 알고 있어야 하며, 이것을 나의 글쓰기에서 어떻게 활용할 것인가를 고민해야 한다. 2부에서 여러 갈래의 글쓰기를 시도해 볼 것이다. 그때 학습한 서술 방식을 활용해 보자.

CH 6.
개요 짜기 – 내용 생성하기

　글을 처음 쓰는 초보자 입장에서 개요를 짜고 글을 쓴다는 것은 쉽지 않은 일이다. 개요만 짜다 정작 글은 쓰지 못하고 끝나는 경우가 있을 수 있다. 그런데 또 어떤 이는 개요를 잘 짜지 못하기 때문에 글을 쓸 수 없다고 말하기도 한다.

　필자는 '개요 짜기'를 우선시하지는 않는다. 쓰고 싶은 내용이 있으면 먼저 쓰면 된다고 생각한다. 쓰면서 '앞에 이야기에는 이것이 빠졌네', '뒤에서는 이런 이야기를 해야겠네.' 생각하면서 글을 쓰는 동시에 개요도 같이 짜는 것이 나쁘지만은 않다고 보는 입장이다. 처음에는 이렇게라도 글을 쓰면 괜찮다. 이런 식으로 글을 쓰다 보면 어느 순간 '이번에는 개요를 먼저 짜보고 글을 써볼까' 하는 생각이 든다. 그때 본격적으로 개요 짜기를 해도 늦지 않다.

　그런데 어떤 이는 개요를 짜지 않고 어떻게 글을 쓸 수 있냐고 묻는 이도 있다. 개요는 건축에서 설계도와 같은 것인데 설계도 없이 집을 지을 수 없듯이 개요 없이는 글을 쓸 수 없다고 하는 이도 있다. 개요를 그것도 아주 자세하게 써야만 글을 쓸 수 있다고 하면서 그러지 못하면 글을 한 줄도 못 쓴다고 하는 이도 있다.[4] 이런 이들에게는 개요 짜기에 대해 설명할 필요가 없을 것이다. 또한 난 개요 짜기 없이도 글이 잘 써지는데 하는 이에게도 굳이 개요 짜기를 강요할 필요가 없다. 이런 이는 자기가 필요할 때 개요 짜기를 할 것이다.

---

[4] 이 부분을 최근 MBTI 유형과 관련하여 말하고 싶은 부분이 있다. E와 I의 차이가 그것이다. E는 말을 하고 난 후 생각한다 (말을 하면시 동시에 생각하는 경우도 있디.). I는 생각을 히고 나서 말한다. 생각하기 전에는 말하지 않는다. 필자는 예전엔 E였다가 최근엔 극E가 되었다. 글을 쓰기 전에 큰 그림과 대략적인 개요 정도를 머리로 구상은 하지만 아주 정밀하게 개요를 짜지는 않는다. 글을 쓰면서 개요를 완성해가는 유형이다. 그러나 필자가 보기엔 I형들은 개요를 짜지 않고는 글을 쓰지 않는 것 같다. 이러한 나의 의견에 이견이 있을 수 있다고 본다. 다만 필자는 개요 짜기에 너무 함몰되지 말라는 말을 하고 싶은 것이다.

개요 짜기를 하고 싶은데 그것이 잘 안 되는 이들은 개요 짜는 방법에 대한 학습이 필요할 것이다. 이런 이에게 필요한 개요 짜는 법을 설명할 텐데 실상 특별한 방법은 없다. 여기에서 개요 짜기에 대해 강준만 작가가 말하고 있는 부분을 살펴보자.

> 집을 지으려면 설계도가 필요하듯, 글을 쓰기 전에 글의 주제에 대한 전체 그림을 미리 한 번 그려보자. 정교한 설계도를 요구하는 건 아니기에, 그저 밑그림이라고 해도 좋겠다. 일단 총론을 세워놓고 각론으로 들어가자는 뜻이기도 하다. 그렇게 하지 않는 사람이 있느냐고 반문할 사람도 있겠지만, 의외로 많은 학생이 주제의 어느 한 부분에 대해서만 이야기하는 경향이 매우 강하다. 주제에 대해 잘 몰라서 그렇다기보다는 아예 처음부터 주제 전체의 모습을 요리해보겠다는 마인드가 없기 때문이다.
> 주제에 대해 잘 몰라 전체 그림을 그려보는 게 힘들 수도 있다. 그럴 경우에도 자신의 주장이 전체 그림의 일부에 지나지 않는다는 걸 깨닫는 건 꼭 필요하다.
> — 강준만, 『글쓰기 뭐라고』, 인물과사상사, 2018

글쓰기를 전문적으로 하거나, 글쓰기 경력이 많아지게 되면 개요 짜기의 과정을 반드시 거치게 된다. 그러나 입문자들에겐 위에서 언급한 강준만 작가의 말이 적절하다고 본다. 글을 쓰기 전에 주제에 대한 전체 그림을 그려보는 정도로 글쓰기 계획을 세우는 것도 나쁘지 않다.

개요 짜기가 구체적이고 정교한 계획을 세우는 작업이라 어렵게 느껴진다면 '내용 생성하기'라는 좀 더 가벼운 이야기를 해보자. 내용 생성하기란 무엇인가? 다음의 이야기로 시작해보려 한다.

한 글쓰기 강좌에서 선생님은 열정적으로 강의를 준비하고 성실히 참여했다. 학생들이 쓴 글을 첨삭 지도해 줄 준비도 철저히 되어 있었다. 그러나 (불행하게도) 그런 열정을 쏟을 곳이 없었다. 왜냐하면 학생들이 글을 전혀 쓰지 않아서 첨삭해 줄 내용이 없었기 때문이다. 기존의 글쓰기에서 첨삭이란 학생이 쓴 글을 교수자가 읽어가며 글을 고쳐주는 것을 말한다. 그런데 최근엔 내용 생성 첨삭이란 말이 생겼다. 쓸 내용을 전혀 만들지 못하기 때문에 쓰기 전 활동으로 대화를 나누면서 쓸 내용을 마련하는 것을 내용 생성 첨삭이라 한다. 무엇을 쓸 것인지 미리 적어 놓는

면에서 내용 생성하기는 개요 짜기의 기초라 할 수 있다.

내용 생성하기란 말 그대로 쓸 내용을 생성하는 것이다. 특정 목적을 가지고 특정 주제 아래에서 글을 쓴다면 당연하게도 글을 쓰기 전에 쓸 내용에 대해 생각해야 한다. 쓸 내용을 마련한다는 것이 그리 어렵지 않은 것 같은데 의외로 여기서 한 발자국도 전혀 나가지 못하는 학생도 있다. 전문적인 글쓰기라면 '자료 수집과 정리'라는 단계를 거쳐야 하겠지만 우리는 그것까지 할 필요는 없다. 내용 생성하기의 실체적 모습은 2부의 설명문·논설문 쓰기 편을 참조하면 되겠다.

최근의 글쓰기에서 인공 지능을 많이 활용한다. 특히 내용 생성하기 단계에서 인공 지능 활용도가 높다. 그러나 내용 생성하기를 할 때마다 계속해서 인공 지능에 의존하게 된다면 글쓰기를 하는 기본적인 목적이 변질될 수 있다. 인공 지능 활용이나 인터넷 검색은 최소화하고, 꾸준한 읽기를 통해 나의 배경지식을 쌓는 것이 나의 글쓰기를 풍부하게 하는 방법이다.

인공 지능을 이용한 글쓰기 자체를 반대하는 것이 절대 아니다. 글쓰기 입문부터 인공 지능을 활용하는 것을 권하지 않는다는 것이다. 회사에서 보고서를 제출해야 할 경우 그것은 결과물로서 평가받는 것이다. 그래서 최상품의 글을 써서 제출하는 경우 인공 지능을 활용할 수 있다. (인공 지능을 활용할 경우 인공 지능이 제시하는 내용을 글 쓰는 이가 완전히 장악하고 있어야 한다.) 그러나 나의 감정을 담은 글을 쓸 땐 어떻게 인공 지능에 의존하겠는가?

글쓰기, 구체적으로 내용 생성하기 단계에서의 인공 지능 활용에 대해 결론적으로 말하자면 글쓰기 입문자는 내용 생성하기 단계에서의 인공 지능 활용이나 인터넷 검색을 최소화할 필요가 있고, 꾸준한 읽기를 통해 자신의 배경지식을 쌓는 것이 중요하다는 것이다. 그리고 내용을 생성할 때도 시간을 가지고 자신의 배경지식을 최대한 끄집어내는 연습을 할 필요가 있다.

CH 7.
문장에서 중의성 제거하기

엄청나게 많은 글을 써야 하는 이유 중에서 글쓰기 입문자들이 들을만한 …[5]

위의 문장이 어떻게 해석되는가?
㉠ 써야 할 글이 엄청나게 많다.
㉡ 글을 써야 하는 이유가 엄청나게 많다.

위처럼 두 가지로 해석된다. 음성 언어를 활용한 대화에서 중의적인 표현을 사용한다면 상대방이 질문을 하여 확인할 수 있지만 글에서는 독자가 물어볼 수 없으므로 중의적인 문장을 처음부터 사용해서는 안 된다. 물론 문맥적으로 파악할 수도 있다며 반문할 수 있지만 모든 경우를 문맥적으로 파악할 수 있는 것이 아니기 때문에, 그리고 글은 예상되는 문제를 미연에 방지해야 하기 때문에 중의적인 문장을 최대한 피해야 한다.

중의적 표현은 하나의 문장이 두 가지 이상의 의미로 해석될 수 있는 표현을 말한다. 문학 작품 등에서는 일부러 사용하여 표현의 효과를 높이기도 하지만, 일반적인 글쓰기에서는 분명하지 않은 표현으로 잘못된 정보를 전달할 수 있으므로 쓰지 않도록 하여야 한다. 중의적 표현의 원인은 ① 어휘적 중의성, ② 구조적 중의성, ③ 범위의 부정확성, ④ 비유적 중의성 등으로 나누어 살펴볼 수 있다. 여기서는 ②와 ③에 대해서만 살펴보려고 한다. 다음 예시 문장을 살펴보면 아래와 같이

---

[5] 해당 교재 PART 1의 첫 챕터에 나오는 내용이다. 실제 처음에는 이렇게 썼다가 후에 '글을 써야 하는 엄청나게 많은 이유 중에서'라고 수정하였다.

두 가지의 뜻으로 해석될 수 있다.

① 철수는 예쁜 고향집의 뜰을 좋아한다.
　㉠ 고향집이 예쁘다.
　㉡ 뜰이 예쁘다.

② 저팔계는 나보다 햄버거를 더 좋아한다.
　㉠ 저팔계는 나와 햄버거가 물에 빠지면 햄버거를 건져 먹을 정도로 햄버거를 좋아한다.
　㉡ 나는 햄버거 10개를 먹을 수 있지만, 저팔계는 햄버거 20개를 먹을 수 있을 정도로 햄버거를 좋아하는 정도가 나보다 저팔계가 훨씬 크다.

③ 나는 형과 아우를 찾아 다녔다.
　㉠ 나 혼자서 형과 아우 두 명을 찾았다.
　㉡ 나와 형 두 명에서 아우 한 명을 찾았다.

④ 저것이 우리 아버지의 그림이다.
　㉠ 저 그림은 아버지가 직접 그린 그림이다.
　㉡ 저 그림은 아버지의 소유이다.
　㉢ 저 그림 속 인물이 아버지이다.

⑤ 사람들이 많은 도시를 여행한다.
　㉠ 사람들이 도시 여러 곳을 여행한다.
　㉡ 사람이 적은 시골은 여행하지 않고 사람이 많은 도시를 여행한다.

⑥ 모임에 친구들이 다 오지 않았다.
　㉠ 한 명도 오지 않았다.
　㉡ 일부는 오고 일부는 오지 않았다.

위 문장은 문장 구조의 특징, 부정 표현의 범위가 명확하지 않기 때문에 중의성을 지니게 되었다. 적절하게 수정하여 의미가 명확하게 전달되도록 해야겠다.
　① 철수는 고향집의 예쁜 뜰을 좋아한다.

철수는 예쁜, 고향집의 예쁜 뜰을 좋아한다.

두 문장 모두 뜰이 예쁘다는 뜻으로 중의성을 제거하여 명확하게 표현한 문장이다. 두 번째 문장처럼 쉼표라는 문장부호를 활용할 수도 있다. 만약 고향집이 예쁘다는 것을 표현하고 싶다면 두 개의 문장으로 나누어 쓰는 것이 좋다.

고향집이 참 예쁘다. 철수는 그곳의 뜰을 좋아한다.

② 저팔계는 나를 좋아하기보다 햄버거를 더 좋아한다.

내가 햄버거를 좋아하는 정도보다 더 크게 저팔계는 햄버거를 좋아한다.

③ 과 ④, ⑤는 위에서 제시한 문장을 따르면 된다.

⑥ 모임에 친구들이 한 명도 오지 않았다.

모임에 친구들이 다 오지는 않았다. (보조사 '는'을 추가하여 중의성을 제거할 수 있다.)

다음에 제시된 문장들을 중의적 표현이 없는 명확한 문장으로 고쳐 써 보자.

---

① 잘생긴 친구의 동생을 보았다.
② 아름다운 나의 아내를 보라.
③ 그리운 어린 시절 친구를 만났다.
④ 게으른 토끼와 거북이가 달리기 시합을 한다.
⑤ 꽃이 다 예쁘지 않다.

CH 8.
고쳐 쓰기

○○에 소질이 있다는 말은 무슨 말일까? 예를 들어 노래에 소질이 있다는 말은 무슨 말일까?

필자는 노래에 소질이 전혀 없다. 학창 시절 가창 시험 시간에 노래를 끝까지 불러본 적이 없다. 왜냐하면 노래를 시작하자마자 모든 학생이 자지러지게 웃어 버리기 때문이다. 매번 그러했는데 어떤 때는 아이들이 너무 크게 웃을 때도 있었다. 그러면 선생님이 아이들을 조용히 시켰다. 시험이니까. 선생님의 제지에 웃음소리가 잦아들면 나는 쭈뼛쭈뼛 노래를 다시 시작했다. 시험이니까. 그러면 선생님은 "응~ 됐어. 자리에 앉아."라고 말씀하셨다. 이런 필자가 만약 잘못된 신념으로 가수가 되겠다고 하면 어떻게 될까? 나를 가르치는 노래 선생님은 잘못된 부분이 너무 많아 고치는 데 시간이 아주 많이 걸리거나 고칠 수 없을 것이라고 말할 것이다.

반면에 노래에 소질이 있다면 어떻게 될까? 노래에 소질이 있는 사람을 가르치는 선생님은 고칠 부분이 적다고 말할 것이다. 고칠 부분이 적다는 뜻은 처음부터 노래를 잘 해서 수정할 부분이 별로 없다는 뜻이다.

글쓰기도 마찬가지이다. 글쓰기에 소질이 있는 사람은 처음부터 괜찮은 문장을 쓴다. 오류가 그리 많지 않은 문장을 쓴다. 그러나 글쓰기에 소질이 없는 사람은 어떨까? 처음부터 오류투성이인 글을 쓴다. 그래서 고칠 부분이 아주 많다.

고백하건대 필자는 글쓰기에 소질이 없는 사람이다. 필자 스스로 보아도 처음부터 제대로 된 문장을 쓰는 경우는 드물다. 특히 시간이 급박할 때 쓴 글은 정말 남이 보기에 부끄러울 정도로 엉망이다. (소위 글쓰기 선생인데도 말이다.) 그러나 크게 걱정하지 않는다. 왜냐? 고쳐 쓰면 되기 때문이다. 오히려 틀린 것이 너무 많아 고쳐 쓰는 맛이 있다. 소질이 있는 사람보다 좀 더 시간이 필요할 뿐이다. 글쓰기에선 소질이 없는 것이 큰 문제가 되지 않는다. 왜냐하면 남에게 보이기 전에 무한정 고쳐 쓸 수 있기 때문이다.

실제 수업에서 학생들에게 글쓰기를 시켜 보면 짧은 시간에 써낸 글 중에서 괜찮은 글이 있다. 수업을 끝내고 매번 글을 받을 때마다 괜찮은 글을 제출하는 학생이 많지는 않지만 꼭 있다. 이런 학생은 글 쓰는 소질을 타고난 것이다. 그러나 타고나지 못했다 하더라고 실망할 필요가 없다. 시간적 여유를 가지고 고쳐 쓰기를 몇 번 하면 금세 소질 있는 학생이 처음 썼을 때의 글 같은 괜찮은 글을 보여줄 수 있다. 그때부터 또 고쳐 쓰기를 하면 되는 것이다. 글쓰기에 소질이 없다고 느끼는 사람들이 남들보다 한두 번 더 고쳐 쓰겠다고 각오만 한다면 소질이 없다는 것은 전혀 문제가 되지 않는다.

선천적으로 단문쓰기를 잘 하는 사람이 있다. 선천적으로 글쓰기를 잘 하는 사람이 있다. 이런 사람이 막 쓴 글을 보면 그리 나쁘지 않다. 그리 나쁘지 않다는 것이지 좋은 글은 아니다. 다른 사람에게 보여주기 위해서는 어차피 고쳐 써야 하는 과정을 거쳐야만 한다. 스스로를 글쓰기를 못하는 사람이라고 생각하는 사람도 실망할 필요가 없다. 고쳐 쓰기 과정이 남아 있으니 그 과정에서 다시 좋은 문장으로 고쳐 쓰면 된다.

고쳐 쓰기 과정은 글쓰기에서 반드시 거쳐야 할 과정이다. 고쳐 쓰기를 거치지 않고서는 글을 완성할 수 없는 것이다. 필자는 수많은 소설가 중에서도 윤흥길과 장류진을 특히 가독성이 높은 소설을 쓰는 소설가로 꼽는다. 그들의 소설을 읽을 때마다 '어쩌면 이렇게 문장을 잘 쓸까.' 감탄하곤 한다. 그런데 그럴 때마다 생각을 바꾸어 감탄하려고 노력한다. '이렇게 쓰는 데까지 얼마나 오랜 시간을 고민했을까, 얼마나 많이 고쳐 썼을까.'

결과물로서의 좋은 문장에 관심을 가지는 것이 아니라 얼마나 오랜 시간, 그리고 얼마나 많이 고민하면서 고쳐 쓰기를 했을지에 대한 과정을 생각하면서 그들의 노력과 수고에 경의를 표한다.

고쳐 쓰기는 글쓰기 중 마지막에만 하는 것은 아니다. 언제든지 할 수 있다. 글쓰는 중간 단계에서도 끊임없이 자신이 쓴 글을 다시 읽고 고쳐 쓸 수 있다. 고쳐 쓰기는 단선적인 작업이 아니다. 복합적인 작업이므로 글을 쓰는 어느 단계에서나 할 수 있고, 몇 번이고 반복해서 할 수 있다. 고쳐 쓰기에 유명한 일화가 있다. 어떤 사람이 한국의 아주 유명한 작가를 찾아 가서 물어보았다고 한다.

> A: 선생님은 어떻게 이렇게 글을 잘 쓰십니까? 처음부터 좋은 문장들을 바로 쓰시나요?
> B: 그렇지. 난 퇴고를 거의 하지 않는다네. 처음부터 좋은 문장을 바로 쓰지.
> A: 대단하십니다.

아니나 다를까 그 작가의 책상에는 고쳐 쓰기를 한 흔적이 거의 없었다고 한다. 그런데 그 작가가 잠깐 자리를 비운 사이에 그가 앉았던 방석에 무언가 하얀 것이 보여서 그 방석을 들춰보았다고 한다. 그랬더니 거기에는 고쳐 쓰기를 한 수많은 종이들이 있었다고 한다. 그래서 그 사람은 유명한 작가도 정말 많이 고쳐 쓴다는 것을 알았다고 한다.

고쳐 쓰기에 참고할 만한 신춘문예 당선 소감이 하나 있다. 2023년 조선일보 시조부문 신춘문예 당선자의 소감 일부분이다.

> "끝없이 걷고 끼적이고 고치고 읽어보았다."

여기서 '걷고'는 필자에게 '사색하고'로 읽힌다. 다시 읽어보면 '끝없이 사색하고 쓰고 고치고 읽어보았다.' 이렇게 읽을 수 있다. 쓴 것을 계속해서 읽어보며 고치는 행위가 당선의 영광을 만들어낸 것이다.

이 책의 생활시 쓰기 부분에서 언급하고 있는 "내일도 담임은 울 뻴이다"에서도 고쳐 쓰기에 참고할 만한 글이 있다. 필자가 공고 학생들이 쓴 것으로 유명해진 시집 『내일도 담임은 울 뻴이다』를 처음 읽고 났을 때의 느낌은 "오, 잘 썼는데"이었다. 물론 선생님들의 지도가 있었겠지만 그렇다하더라도 시들이 일정 이상의 수준을 갖추고 있다고 판단되었다. 그런데 그 이유를 책에서 찾을 수 있었다. 시를 지도하신 선생님이 시를 쓸 때 내세운 원칙 중 하나가 '적어도 세 번은 고친다.'인 것을 책에서 확인할 수 있었다. 이렇게 여러 번 고쳐 쓰는 것은 글의 수준을 올리는 데에 필수적인 요소인 것이다.

여러분도 본인이 쓴 글을 적어도 세 번 또는 다섯 번, 열 번 이상 고친다면 충분히 좋은 글을 쓸 수 있을 것이라고 생각한다.

PART 2
장르별 글쓰기

2부에서는 여러 장르의 글쓰기를 소개한다. 우리는 이미 초등교육 과정부터 고등교육 과정까지 여러 갈래의 글을 공부해왔다. 여기서는 글의 특징을 공부하는 것이 아니다. 글을 어떻게 하면 어렵지 않게 쓸 수 있을까에 대하여 고민하는 것이다. 실제 각 장르의 글쓰기에 도전하면서 자신의 가능성을 타진해보는 시간을 보낼 필요가 있다. 예상치 못한 여러분의 잠재 능력을 발견할 수도 있다.

여기서 제시된 글의 순서를 따를 필요가 없다. 여러분, 자신의 마음이 가는 부분부터 읽어 보고 글쓰기를 도전해 보아도 전혀 상관이 없다. 살펴볼 글의 장르는 다음과 같다.

- 생활시(운문)
- 시조, 민조시, 디카시
- 초단편 소설, 스마트 소설
- 수필
- 문학 감상문, 영화 감상문
- 기행문
- 설명문, 논설문
- 일기, 편지

여기에 블로그 글쓰기와 공모전 글쓰기를 추가하여 말하려고 한다. 어떤 장르에 대해서는 구체적 작법까진 제시하지 못하고 단순히 소개하는 수준에서 그치는 것도 있다. 그러한 장르에 관심이 있는 분은 필자가 제시하는 책을 참고하여 개인적으로 살펴보면 좋을 것 같다.

글쓰기가 창작품이건 감상문이건 결국 자신의 이야기를 하는 것이다. 그러기 위해서는 자신의 삶을 돌아볼 필요가 있다. 자신의 삶에 대해 생각해 보면 너무나 평이해서 쓸 게 없다고 말하는 이가 있을 수도 있겠다. 하지만 잘 생각해보면 자신의 삶 중에서도 다른 사람은 가지지 못한 자신만의 특별함이 있을 것이다. 자신의 존재 자체가 다른 사람과는 다른 특별함을 이미 지니고 있기에 자신의 삶에 애정을 가지고 잘 살펴볼 필요가 있다. 그러면 반드시 자신만의 특별함을 충분히 찾을 수 있을 것이다.

이 글을 읽는 여러분은 앞서 제시된 장르의 글쓰기를 이미 해보았을 것이다. 또한 이미 그것에 대한 작법을 어느 정도는 알고 있을 것이다. 원한다면 얼마든지 작법에 관한 책을 구해서 참고할 수도 있다. 그래서 어떻게 보면 필자가 각 장르에 대한 작법을 제시하는 것이 무의미할 수도 있다. 작법에 대한 일반적인 설명은 이미 아는 내용에 대한 단순한 소개의 반복이 될 수 있다. 그래서 일반적 작법의 제시는 지양하려 한다.

다만, 필자가 실제 각 장르의 글쓰기를 하면서 좀 더 쉽게 쓸 수 있는 방법에 대해 고민한 것들을 말하고자 한다. 또한 글쓰기가 과제나 학습으로 다가와서 주어진 기간 이후에는 다시는 하지 않을 작업이 아니라 정해진 기간 이후에도 흥미를 느끼며 재미있게 계속해서 해 나갈 수 있는 방법에 대해 말하려고 한다.

여러분이 어떤 분야의 글쓰기에 대해 재미를 느끼고 적지 않은 기간 동안 글쓰기를 하게 된다면 누가 시키지 않더라도 스스로 도움이 될 만한 작법 책을 찾아 읽을 것이라 생각한다. 이 글은 거기까지 안내하는 데 주목적이 있다.

CH 1.
생활시 쓰기

글쓰기에서 시 쓰기는 엄청난 매력이 있다. 그것은 길이의 짧음에 기인한다. 지도에 있어서 한 차시 안에 발상부터 완성된 글쓰기까지 모두 할 수 있는 장점이 있다. 그런데 실제 현장에서는 시 쓰기가 잘 진행되지 않는다. 그 이유는 뭘까? 시는 어렵고 특별한 것이라는 선입견과 편견 때문이다. 다만 최근에는 젊은 학생들 중에 시를 읽고 쓰는 학생이 늘고 있다고 한다.

그것은 젊은이들이 즐기는 숏폼 영상과 시의 짧은 길이의 유사성으로 인해 학생들이 시에 대한 거부감이 없고 오히려 익숙함을 느끼기 때문이라고 한다. 이러한 내용으로도 확인할 수 있는 것은 시의 짧은 길이의 매력이다. 그동안 이루어진 수업에서 이러한 시의 매력을 학생들에게 어필하며 시 쓰기를 독려해왔다. 시에는 특별한 의미를 담아야 하고 비유나 상징과 같은 고급 작법이 필요한 것으로만 생각하는 학생들이 많다. 그들에게 시가 꼭 그렇지만은 않다는 것을 설명하였다. 그리고 필자가 쓴 '생활시'의 일부를 보여주며 지도해왔다. 동시에 필자와 같은 고민을 하는 사람이 있으리라 생각하고 선행 연구를 검토해보았다. 다행히도 '생활시'를 주제로 한 좋은 연구가 있었다.

우리는 초등학교에서부터 고등학교를 졸업하기까지 최소한 10년 이상 시를 공부해왔다. 그러나 정작 시를 쓰라고 하면 난색부터 표현한다. 그리고 시는 매우 어렵다고 생각한다. 이에 필자를 포함한 일부 선생님은 학생들의 시 창작을 독려하기 위해 '생활시'라는 용어를 끌어와 학생들의 시 창작 욕구를 일깨웠다. 이러한 선생님의 지도에 일부 학생은 "'생활시'는 뭐야? 생활의 내용을 쓰는 건가? 그렇게 써도 시가 되나?"하며 의문을 품었다. 여러분도 그러한가?

조혜숙 연구자는 '학생 생활시의 특징과 생활시 쓰기의 교육적 의미'라는 제목의 논문을 통해 생활시의 개념과 생활시라는 용어가 대두된 이유, 그리고 간단한 작법까지 제시하고 있다. 생활시의 이해를 돕기 위해 논문의 내용을 일부 요약하여 소개하겠다.

> 선행연구
> 이종진: 생활의 기쁨이나 고뇌 또는 슬픔 따위를 방법이나 수법에 관계없이 가벼운 마음으로 자유롭게 현장에서 쓸 수 있는 생활 현장의 시.
> 이오덕: 일하는 생활의 시, 어린이들이 세상을 살아가면서 보고 느끼고 겪은 것을 그대로 정직하게 쓴 시.
>
> 학술적으로 공인받지 못한 용어인 생활시라는 용어를 학교 교육 현장에서 사용하는 이유는 학생들의 시 창작을 이끌어내기 위해 편의적으로 사용하는 것으로 생활 경험시, 생활 체험시의 의미를 가진다. 편의상 사용하는 용어일 뿐이라서 이에 해당하는 특정한 성격의 시가 따로 있다고 보지는 않는다.
> 그렇다면 생활시라는 용어를 사용하게 된 이유는 무엇일까? 기존에 배웠던 시는 학생들의 경험이나 공감과 유리된 시였다는 것이다. 학생들에게 시 쓰기를 독려하며 단순히 '시'라고 해도 되는 것을 '생활시'라고 구별하여 제시하는 것은 학생들이 시 이해와 감상을 어려워하고 더구나 시 쓰기는 더욱 어려워하기 때문에 보다 친근하게 시를 이해하고 창작할 수 있도록, 시의 소재가 학생들의 경험인 시를 생활시라고 한다.
>
> 생활시라는 것을 제시하지 않고 시 쓰기를 했을 때의 문제점
> ① 그럴듯한 미사여구와 비유, 상징을 사용하려고 하면서 시 쓰기를 어려워함.
> ② 소수의 학생들이 시를 꾸며 쓰는데 신경을 씀.
> ③ 다수의 학생들은 상투적인 내용의 시를 쓰거나 가요의 구절을 흉내냄.
> ④ 학생들이 스스로의 체험, 정서를 담은 진실한 시를 쓰지 못함.
> 원인: 그동안 학생들이 배웠던 교과서에서의 시는 학생들의 실감과는 거리가 있는 대상이나 감정을 다루고 있어 자신의 생각과 감정을 시적으로 표현한 것을 접해보지 못했고 그러한 연습을 해보지 않았다. 그동안 배운 교과서의 시가 어렵기 때문에 그것을 본떠 흉내내면서 쓰는 것 또한 쉽지 않다. 교사들도 시는 가르치기도 이해하기도 어렵다고 생각함.

생활시 쓰기 방법
① 운문의 형식으로 쓴다.
② 가정과 학교, 또는 그 외 공간에서의 경험을 소재로 선택한다.
③ 자신의 생각과 감정을 구체적으로, 자유롭고 진실하게 표현한다.
④ 모두가 하는 평범한 경험일지라도 거기에 '나'만의 인상과 생각이 담길 수 있도록 한다.
⑤ 비유나 심상, 운율 등의 시의 요소는 자연스럽게 드러나도록 한다.
⑥ 다른 이에서 불편함과 불쾌감을 줄 수 있는 내용은 어떻게 표현할지 한 번 더 생각해보도록 한다.

– 조혜숙, 「학생 생활시의 특징과 생활시 쓰기의 교육적 의미」, 2012

위 논문에서 우리가 오랜 기간 시를 배웠음에도 시를 쓰지 못하는 법을 적절히 지적하고 있다. 우리가 학창 시절 주로 배운 시는 우리의 체험과 거리가 멀어 공감하기가 쉽지 않다는 것이다. 따라서 우리가 생활시를 쓸 때에 기존에 배웠던 시의 틀을 따를 필요가 전혀 없다. 그러면 우리가 따라야 할 생활시 작법은 무엇인가? 필자가 위 요약된 논문의 내용을 참고로 생활시 쓰기의 작법을 간단히 제시하자면 다음과 같다.

① 자신의 경험을 자유로우면서도 솔직하게 표현하자.
② 우리의 경험을 바탕으로 시를 쓰자. 즉, 우리의 경험을 주요 소재로 삼자.
③ 경험을 바탕으로 한다 하더라도 시는 기본적으로 허구의 창작물이므로 허구적인 내용을 쓰는 것에 대해 꺼려하지 말자.
④ 운율, 비유, 상징 등의 시적 요소는 자연스럽게 담아내자.
⑤ 다른 사람의 목소리를 흉내내지 말자. 못생겼더라 하더라도 나만의 목소리를 내자.
⑥ 다른 이들이 쓴 생활시를 많이 읽어보자.

필자가 생각하는, 초보자가 읽으면 가장 도움이 되는 생활시를 쓴 시인을 꼽으라면 주저하지 않고 양정자 시인을 꼽을 수 있다. 특히 그의 첫 시집 『아내 일기』는 한 가정의 아내이면서 학교에서는 영어 선생님으로 겪는 많은 생활을 시라는 양식에 잘 담아내었다. 그리고 이후로도 출간한 시집들이 모두 훌륭한 생활시를 담고 있다. 그리고 또 참고할 만한 생활시를 담은 시집은 『내일도 담임은 울 뻴이다』, 『백 마디 고마움』 등이 있다. 『내일도 담임은 울 뻴이다』에는 공고 학생들의 시 쓰기를 지도하신 김상희, 정윤혜, 조혜숙 선생님 세 분의 후기도 나와 있어 생활시를 쓰는 데 참고할 수 있다.

『백 마디 고마움』은 경복고등학교 부설 방송통신고등학교 1학년에 재학 중인 늦깎이 고등학생들이 쓴 시를 모아놓은 시집이다. 여기에 제시된 시를 읽으면 생활시에 대해 친숙함을 느끼면서 자신도 충분히 쓸 수 있으리라는 자신감을 얻게 될 것이다. 다음은 필자와 학생들의 생활시이다.

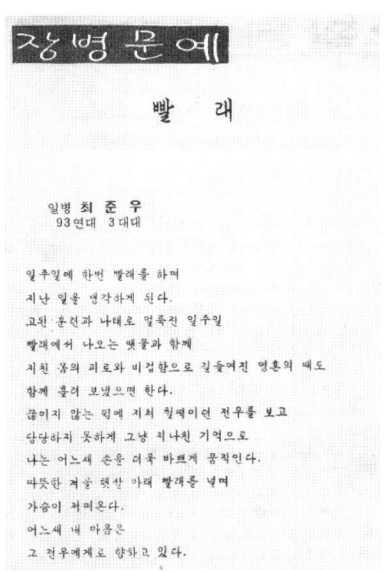

일주일에 한 번 빨래를 하며 / 지난 일을 생각하게 된다. / 고된 훈련과 나태로 얼룩진 일주일 / 빨래에서 나오는 땟물과 함께 / 지친 몸의 피로와 비겁함으로 길들여진 영혼의 때도 / 함께 흘려 보냈으면 한다. / 끊이지 않는 뜀에 지쳐 헐떡이던 전우를 보고 / 당당하지 못하게 그냥 지나친 기억으로 / 나는 어느새 손을 더욱 바쁘게 움직인다. / 따뜻한 겨울 햇살 아래 빨래를 널며 / 가슴이 저며온다. / 어느새 내 마음은 / 그 전우에게로 향하고 있다.

사단회보에 실린 필자의 시 「빨래」를 본 고참과 후임병들이 필자에게 가장 많이 물어본 것은 '네가 이 경험을 실제로 했냐? 헐떡이던 병사는 누구냐?'였다. 필자는 이런 경험을 실제로 하지 않았다. 시는 기본적으로 허구의 세계를 창작하는 것이다. 자신의 생활을 바탕으로 충분히 상상의 세계를 펼칠 수 있다. 생활시라 하더라도 허구의 세계를 쓰는 것에 주저하지 말자. 어차피 수필을 제외한 모든 문학 장르는 허구를 기본으로 한다.

>
> 원룸 연대기
>
> 조혜미
>
> 방 두 칸짜리
> 룸메랑 맞춰 끓이는 라면 하나
> "야, 오늘은 내가 설거지할게."
> 그 말이 그렇게 따뜻할 줄이야
>
> 냉장고는 허전한데
> 배달앱은 잔고를 무섭게 훔쳐간다.
> 다 차려진 밥상이란 말
> 이제는 동화 속 이야기 같다.
> 현실은 밥솥에 밥 있고 반찬은 없음.
>
> 전기세, 가스비, 수도세
> 달마다 돌아오는 고지서가
> 성인의 자격 시험지처럼
> 현관문 틈에 꽂혀 있다.
>
> 청소는 내일의 나에게 미루고
> 청소기 한 번 돌릴 때마다
> 엄마가 떠오른다.
> 어릴 땐 몰랐다.
> 바닥이 이렇게 빨리 더러워지는 줄

빨래는 돌렸는지 말았는지 모르고
내 양말은 어디서 헤매는지,
룸메가 신고 있다.

여름 밤
벌레와의 싸움도
룸메와 파리채로 대척한다.
지는 쪽이 분리수거
창문 틈 바람에도
고요가 흔들리는 이 방에도
서로의 존재가
은근한 안심이 된다.

이 삶
가끔은 웃기고
가끔은 그립고
가끔은 진짜 어른 같지만

결국은
엄마 보고 싶다!

'우리의 자녀들이 이렇게 어른이 되어가는구나!' 라며 대견하면서도 한편은 안쓰러운 생각이 들었다. 대학생의 생활을 사실적으로 잘 보여주고 있어 기성세대의 입장에서는 잘 알지 못하는 요즘 젊은이들의 실상을 볼 수 있었다. 자취 생활을 하게 되면 결국 어머니의 사랑을 깨닫게 된다고 하는데 그러한 정서가 잘 나타나 있다.

INFJ
임다혜

혼자 있고 싶다

> 근데 외로운 건 싫다
> 말을 아낀다
> 근데 마음은 누구보다 시끄럽다
>
> 모임엔 가기 싫고
> 안 부르면 서운하다
> 조용히 사라지지만
> 티 안 나게 기억되길 바란다
>
> INFJ…
> 한 사람 안에
> 작은 우주가 몇 개쯤 더 있다

최근 젊은이들 대화의 주요 소재인 MBTI를 소재로 진솔하게 쓴 시이다. 내성적 성격의 소유자인 인물이 주목받기를 꺼려하면서도 또한 소외에 대한 두려움을 잘 표현하였다.

> 연 애
>
> 박민경
>
> 바람이 분다 살랑살랑
> 기분 좋은 바람이 내게 들어왔다
>
> 살이 쪘다 말랑말랑
> 기분 나쁜 지방이 내게 들어왔다
>
> 그래도 좋다 사랑사랑
> 따스한 바람이 내게 들어왔다

대학생활에서 빼놓을 수 없는 것이 이성 간 교제 즉, 연애인데 연애 감정을 의태어 활용을 바탕으로 운율감 있게 잘 표현하였다.

벼락치기

김태림

과제는 날벼락
시험은 생벼락

내 기억력은 오락가락
뒤돌아서도 오락가락

시험공부하는 나는 생사고락
그런 내 머릿속은 온통 향락
그래도 내 마음은 난공불락

이 모든 것이 락이니
벼락치기도 락(樂)이다

한 편의 랩을 듣는 기분이다. 동음이의어를 활용하여 시험을 대하는 대학생의 자세, 시험은 여전히 어렵고 힘든 과제라는 것을 잘 보여주고 있다.

AI

유미

화면 속 너는
세상 알기 위해 애쓴다

내가 모르는 세상도
내게 알려주려 애쓴다

혹여 정없게 보일까
따뜻한 말 한마디

> 내 옆 사람보다
> 인간적일지도
>
> 어쩌면 나도 너처럼
> 노력하는 기계가 아닌가

최근의 주요 화두 중 하나인 인공 지능을 소재로 좋은 시를 썼다. 인간과 인공 지능 중 누가 더 인간적인가? 이 얼마나 모순된 말인가? 우리도 결국 기계에 불과한 존재일 수도 있다는 자각을 보여주고 있다.

> **자전거**
>
> 나 이제 전기자전거가 생겼다.
> 언제 어디로 가든
> 내가 가고 싶을 때 신날 때
> 당기면 바람 타고 날아간다.
> 혼자도 무섭지 않다.

베트남 출신의 결혼 이민자 학생의 시이다. 한국으로 시집와서 여러 이유로 자유롭지 못한 시간을 보내던 차에 전기자전거가 생겨 어디로든지 자유롭게 갈 수 있다는 정서를 잘 표현하였다.

> **내 친구 민예**
>
> 1년을 같이 다닌 친구
> 이민예
> 공부하기 싫어하고
> 먹을 거 좋아하는 내 친구

한국의 대학교 새내기 학생의 모습을 잘 보여준 시라는 생각이 든다. 대학교에 들어와 사귀게 되어 1년 동안 친하게 지냈을 친구인데 공부는 싫어하고 먹을 것은 좋아한다고 진솔하게 썼다. 고3 시절, 1년뿐이었겠는가? 힘들었던 시간이. 수험 생활을 마치고 들어온 대학교에서 1학년 때에는 공부하고 싶지 않아 하고 먹을 것을 좋아하는 친구의 모습을 그리며 화자 또한 그렇다는, 그래서 서로 친구라는 정서를 잘 보여주고 있다.

고양이

집에 귀여운 고양이가 있다
긴 털, 둥근 얼굴, 큰 눈, 짧은 다리
누가 봐도 안아주고 싶다
그런데 털이 엄청 많이 빠져서
고양이를 침실에 들여보내고 싶지 않다
주인이 없으면 고양이는 많이 운다
너무 불쌍해서 내가 졌다

한국에 유학 온 유학생이 쓴 글이다. 유학 생활에서의 외로움을 길에서 주워 온 고양이를 기르면서 달래고 있는 정서가 잘 드러나 있다.

1) 시조 / 민조시 쓰기

최근 한 학회에 참여했다가 시조에 관한 연구를 듣게 되었다. 학생들에게 시조에 대해 설명하고 시조를 창작하게 했다는 내용이었다. 필자는 대학 시절부터 시조의 효용성에 대해 의심을 품고 있었다. 그것은 한 선생님의 문학의 위기에 대한 설명에서 기인한다.

선생님은 문학의 위기에 대해서 설명하시면서 까딱하면 '시'라는 문학 장르가 사라지게 될 것이라고 말씀하셨다. 나중에는 '시'를 아주 극소수의 매니아만 향유하는 문학 장르가 될 것이라고 설명하셨다. 그러면서 대표적인 예로 '시조'를 들었다. 시조는 조선 시대에는 양반 대부분이, 그리고 조선 후기에는 일반 평민들까지 향유하는 문학 장르였지만 현대에 와서는 일부 계층만 창작하고 읽는 문학 장르가 되었다고 말씀하셨다.

그때 필자는 선생님의 말에 완전 설득되었다. 그때부터 필자는 시조를 일부 매니아층만 향유하는 문학 장르로 인식하였다. 요샛말로 잘 알지도 못하면서 말이다.

이러던 차에 학회에서 시조에 관한 연구를 듣게 되었는데 설명의 중반까지도 시조의 효용성에 관한 의구심을 떨치지 못하였다. 설명의 후반에 학생들이 직접 지은 몇 편의 시조를 보게 되었는데 이때 생각이 완전히 바뀌게 되었다. 많은 생각을 하게 되었다. 그리고 시조를 지어보았다.

의외로 재미있었다. 형식이 정해져 있기에 자유롭게 시를 짓지 못할 것이라는 생각은 완전히 잘못된 생각이었다.[6] 형식이 정해져 있기에 그 형식에 맞추는 재미가 있었고 시를 짓는다는 부담이 오히려 훨씬 적었다. 오랫동안 우리나라에서 향유되는 문학 장르라는 점에는 다 나름의 이유가 있었던 것이다. 한글의 3음보·4음보적 율격[7]은 시조 짓기에 안성맞춤이었던 것이다.

학생들에게 시조의 특징과 율격에 대해 간단히 설명하고 시조를 짓게 하였다. 놀라울 정도로 학생들은 시조를 아주 잘 지어냈다. 필자가 겉으로 느끼기에는 일반 생활시보다 시 창작에 대한 부담감을 적게 가지는 것 같았다. 일단 주제가 정해지면 정해진 율격에 맞추어 쓴다는 것이 자유롭게 쓰는 방식보다 창작에 대한 구체적 가이드가 되는 것 같았다.

시조에 대한 생각이 바뀌게 되자 여러 책에서 시조를 찾아 읽게 되었다. 여러 책을 통해 발견하게 된 점은 시조의 기본 율격을 지키면서 나름의 변화를 꾀하고 있는 점이었다.

---

[6] 시조의 형식에 대해서는 뒤에서 설명하고 있으므로, 해당 내용 참조하자.
[7] 한글에는 2음절, 3음절 명사가 많다. 그리고 한글은 조사가 발달한 언어이다. 그래서 한 어절이 보통 3글자에서 4글자로 형성되는 경우가 많다.

아프다

이원희

세월이 그냥
가는 줄 알았네

여기저기 아프다는 말
내려놓고 갔네

늙기가
이리 힘든지
늙어 보니 알겠네

위의 시는 얼핏 보면 자유시로 보인다. 그러나 위의 시는 시조이다. 시조의 기본 율격인 3434 / 3434 / 3543 형식을 잘 따르고 있으면서도 행갈이에 변화를 주었다. (초장과 중장은 2행으로, 종장은 3행으로 표현하였다.) 이렇게 함으로써 식상하거나 상투적으로 보일 수 있는 시조의 형식에 새로움을 부여하고 있다.

무섬에 동이 트면

김창선

내성천 섬마을에 먼동이 밝아오면
감빛 널, 모래강변, 때까치의 예찬 보며
존재의 시간 선물에
감사하는 마음결

동트는 아침 하늘 샛별의 생기 받아
햇살에 몸 바치는 찬 이슬의 별빛 품고
외다리 건너며 맞은
강물에는 불기둥

위 시조에서는 종장에서만 행갈이를 하여 형식에 변화를 주었다. 작은 변화이지만 시조가 새롭게 보이는 것은 부정할 수 없는 사실이다.

> 인 연
> 최준우
>
> 드넓은 들판 위에 고요히 자리 잡은
> 아름다운 학교에서 우리는 설레었지
> 춘삼월 생명이 날 때 우리 인연 피어났지

위 시조는 필자가 처음으로 지은 시조이다. 학생들에게 시조를 설명한 후 시조 창작을 독려할 때 보여준 시이다. 당시 학생들은 3학년 학생으로 필자와 인연이 깊은 학생들이었다. 신입생 오리엔테이션에 필자가 참여하여 직접 학생들의 첫 학교 활동을 같이 하였고, 그 후로도 여러 가지 상호활동을 같이 하여 학생들과의 관계가 돈독하였다. 이러한 관계의 원천인 첫 만남을 생각하며 시를 쓴 것이다.

다음은 학생들이 쓴 시조이다. (이지안, 이채원, 김영희 세 학생은 결혼 이민자이다.)

> 밤 편지
> 김영주
>
> 가로등 불빛 아래 고요히 비치는 밤
> 창문 밖 밤거리는 조용히 잠이 들고
> 눈 감고 고즈넉하게 바람소리 느끼네
>
> 달빛은 구름 사이 살며시 스며들고
> 창문 틈 어둠 사이 바람이 흘러든다
> 잠든 집 불꺼진 창문 별빛만이 흐른다

겨울 바다
####### 천우민

겨울밤 바닷가에 어둠이 찾아오면
고요한 마음 속에 들어온 파도소리
마음이 흔들거릴 때 들어온 바다냄새

동트는 아침하늘 햇살이 다가오고
햇살에 잔잔해진 마음 속 파도소리
오늘도 겨울바다는 고요하게 흘러간다

하나야
####### 정호중

하나야 보고 싶다 하나야 산책 가자
하나야 어디 갈까 하나야 너무 예뻐
하나는 사랑받는 중 우리 집 귀염둥이

친구랑 다툼
####### 조효진

친구랑 밥 먹는데 화가 나 밥상 엎음
자꾸만 나한테만 성질을 부립니다
왜 자꾸 그러냐고 성질을 부리냐고

정신을 안 차리고 세상을 만만하게
사는 것 같아서 자꾸만 성질을 내
미안해 잘못했어요 고마워요 잘할게

이정현

만개한 봄이 지나 꽃들이 떨어지고
어느새 추적추적 빗물에 젖어든다
이비가 그칠 쯤이면 나도 너를 잊겠지

황지선

창가에 햇살가득 평온히 따뜻했던
햇살에 눈을 감아 창 넘어 바람 부니
카페에 혼자 앉아서 떠오르는 그 사람

한강 산책길

이지안

해질 무렵 한강 따라 시원한 바람 불고
물소리랑 함께 걷다 생각도 잠시 멈춰
하늘은 붉게 물들어 오늘도 잘 살았네

고향

이채원

창 밖에 바람 불면 마음 먼저 달려가네
고운 말, 따뜻한 밥, 엄마 웃음 떠오르고
가끔은 눈 감으며 고향을 다녀옵니다

이른 아침

김영희

> 오늘도 이른 빛에 눈을 떠서
> 여름의 햇살 따라 숨을 쉬니
> 마음의 깊은 곳에도 바람이 이는구나

시조는 정형시로서 율격이 정해져 있다. 기본적으로 시조는 3행으로 이루어져 있다. 각 행을 초장, 중장, 종장이라고 한다. 각 장의 글자 수는 3434 / 3434 / 3543로 정해져 있는데 이것은 반드시 지켜야 하는 것은 아니다. 한 두 글자의 많고 적음은 상관없다. 다만 종장의 첫 음보는 반드시 세 글자를 지켜주어야 하고 다음 음보는 다섯 글자(또는 다섯 글자 이상)이면 좋다. 정몽주와 황진이의 시조를 같이 살펴보자.

> 이 몸이 죽고 죽어 일백 번 고쳐 죽어
> 백골이 진토 되어 넋이라도 있고 없고
> 님 향한 일편단심이야 가실 줄이 있으랴
>
> 동짓달 기나긴 밤을 한 허리를 버혀 내어
> 춘풍 니불 아래 서리서리 넣었다가
> 어론 님 오신 날 밤이여든 구뷔구뷔 펴리라

단심가(정몽주 시조) 종장의 첫 음보는 '님 향한'으로 세 글자이다. 황진이 시조의 첫 음보는 '어론 님'으로 역시 세 글자이다. 종장의 첫 음보는 반드시 세 글자로 써야 한다. (어론 님은 사랑하는 임으로 해석하면 된다.)

민조시는 3·4·5·6을 기본 음수율로 하는 정형시이다. 정형 민조시는 반드시 3음절로 시작하여 4조, 5조를 거쳐 6조에서 매듭을 짓는 기승전결의 과정이라고 볼 수 있다. 민조시는 3·4·5·6조의 음절을 반드시 지켜야 하는 정형시이다. 시조의 율격에서 흥미로움을 느꼈다면 민조시 짓기에도 도전해보자.

다음은 필자가 2025년 6월 4일 광주의 황룡강변을 걸으면서 지은 민조시이다.

```
            새 세상
                        최준우


잠자고
일어나니
맑은 하늘로
온세상 환하네
```

다음은 월간문학 『2024년 겨울호(통권 670호)』에 수록된 민조시이다. 월간문학은 신인작품상 작품을 모집하는 데 여기에 민조시도 포함되어 있다. 민조시에 관심 있는 사람은 여기에 응모해보는 것도 괜찮을 것 같다.

```
            겨울 잡초
                        김병찬


앞마당
펼쳐 놓고
달빛 쪼이며
도려내는 슬픔
```

2) 디카시 쓰기

필름 카메라에서 디지털카메라로 넘어오면서 사진과 관련한 우리의 생각과 인식에 변화가 생겼다. 디지털카메라는 필름 카메라와 달리 반드시 인화와 현상을 거쳐야만 하는 것이 아니었기 때문이다. 이 점은 사진을 찍는 양에 제한을 없앴다. 또한 찍은 사진을 그 자리에서 바로 확인할 수 있는 점이 장점으로 부각되었다. 이러한 디지털카메라의 특징이 시와 결합되어 '디카시'라는 새로운 운문 장르를 탄생하게 하였다.

디카시는 온전히 글로만 이루어진 시에 시각자료를 덧붙임으로써 독자의 흥미를 끌고 새로운 생각거리를 던져 주었다. 디카시는 사진을 찍는 것 자체가 중요하긴 하지만 별도의 디지털카메라가 반드시 필요한 것은 아니다.

디카시의 사전적 정의는 디지털카메라로 자연이나 사물에서 시각 형상을 포착하여 찍은 영상과 함께 문자로 표현한 시이다. 실시간으로 소통하는 디지털 시대의 새로운 문학 장르로, 언어 예술이라는 기존 시의 범주를 확장하여 영상과 문자를 하나의 텍스트로 결합한 멀티 언어 예술이다. 쉽게 말하면 사진을 찍고 그 사진에 어울리는 5행 이내의 언술을 하는 것이다.

김왕노 시인의 『김왕노 디카시 입문서』에 제시된 디카시의 내용을 요약하면 다음과 같다.

① 디카시의 정의: 자신이 직접 찍은 사진과 5행 이내의 짧은 시(언술)가 결합된 새로운 문학 형식이다.
② 작성 방법
  ㉠ 사진은 직접 찍은 것이어야 한다.
  ㉡ 언술은 5행 이내로, 사진과 어울려야 한다.
  ㉢ 순서는 제목-사진-언술-이름 순이다.
③ 사진의 대상: 사건 사고나 일상적인 것, 동적인 것, 정적인 것, 자연물이나 조형물, 자연 현상과 사회 현상, 무기물과 유기물 등 매우 다양하다. 구체적으로는 꽃, 나무, 사람, 짐승, 바다, 구름, 강, 건물, 공원 등 세상의 모든 것이 디카시의 재료가 될 수 있다.
④ 디카시의 의미: 일상생활에서 접하는 모든 것이 디카시이고 우리는 그 디카시의 세상에서 살고 있다. 사진 한 장과 다섯 줄 이내의 시로 문학을 하고 문학을 통해 자신의 꿈을 마음껏 펼칠 수 있다.
⑤ 좋은 디카시의 조건: 좋은 사진이 좋은 디카시를 쓰는 지름길이다.

다음 제시한 디카시를 감상해보자.

숫눈길

덕산 정상권

뽀얀 페인트로 도색한
오솔길 모퉁이 너머에

오늘은 누가 우리를
기다림으로 흔들어
숫눈길 만들고 있으려나

은행나무

노을 태선영

우리학교 교정에는
하늘 향해 뽀족한
오백살 넘은 숙녀가 있다

오늘은 온종일 머리 물들이는 중~~

출입금지

미성 김필로

수사기관에서 줄을 치고
범인을 색출하는 중이란다
바람이 죽지 않았다고 반박한다
늪 속의 뿌리는 살아 있다고
하늘이 진실을 말한다
그래도 말라죽었다고 모두 한목소리로 곡한다

개미와 나

최준우

상상해보라
아주
작은
너와 나를

구름이 아름답다고 느낄 때

파란 하늘을 배경으로
구름이 아름답다고 느낄 때
나도
여러분들 덕분에
아름다울 수 있을 것 같다고

하늘을 차다

광활한 기상
하늘을 차기에 부족함 전혀 없어

천하가 내 발 아래 있으니

태권인의 기상
온 우주에 내뿜다

전국적으로 디카시 공모전도 적지 않다. 필자가 확인한 공모전 10개만 소개한다. 필자가 확인하지 못한 공모전이 또 있을 것이다. 도전해보자. 상금 액수도 결코 적은 금액이 아니다.

<전국 디카시 공모전(2025년 기준)>

순번	회차	공모전	기간
1	제8회	부안디카시	7. 1. ~ 8. 31.
2	제9회	황순원디카시	7. 1. ~ 7. 31.
3	제2회	영등포디카시	7. 18. ~ 8. 30.
4	제1회	경북연가디카시	5. 1. ~ 5. 20.
5		사천디카시	4. 7. ~ 5. 16.
6	제8회	경남고성국제한글디카시	4. 1. ~ 4. 30.
7	제3회	서울중랑디카시	5. 18. ~ 8. 18.
8	제1회	수국디카시	6. 16. ~ 7. 15.
9		여행작가 디카시	10. 1. ~ 10. 20.
10		실레마을 디카시 백일장	6. 4. ~ 10. 31.

CH 2.
초단편 소설 / 스마트 소설 쓰기

생활의 경험을 바탕으로 작성하더라도 운문을 쓰는 것에 거부감을 느끼는 사람이 있을 수 있다. 운문 즉, 시를 쓰는 것이 너무 어렵다고 말하는 이들은 산문 중에서 대표적으로 소설이나 수필에 관심을 가져 보면 좋을 것이다. 여기서는 먼저 소설에 대해 이야기해보려 한다.

그런데 여기에서 말하는 소설은 정통 소설이 아니다. 이 글은 정통 소설의 작법을 절대 말하지 않거니와 말할 수도 없다. 여기서 말하는 소설은 짧은 소설이다. 짧은 소설로 불리는 소설에는 엽편 소설, 장(掌)편 소설(여기서의 장(掌)자는 손바닥 장(掌)자이다.) 등이 있다. 최근에는 스마트 소설, 초단편 소설 등이 짧은 소설에 속하여 불리고 있다. 여기서는 초단편 소설과 스마트 소설을 소개하고자 한다.

필자가 초단편 소설을 소개하는 이유는 초단편 소설이라는 장르를 개척한 김동식 작가가 전문적인 글쓰기 교육을 전혀 받지 않은 근로자 출신이라는 데 있다. 김동식 작가는 이미 10여 권의 책을 낸 작가이다. 그러나 그는 글쓰기 교육을 전혀 받지 않은 사람이다. 따라서 이 글을 읽는 이 누구나 초단편 소설을 쓸 수 있다는 것을 강조하여 말하고 싶다.

여기서 필자가 김동식 작가와 직접 나눈 SNS의 대화를 공개하겠다.

> 김동식: 안녕하십니까! 와우 영광입니다. 초단편 소설은 누구나 쉽게 도전할 수 있는 장르이니, 소설 장르의 마중물로 입문해보셔요~ 감사합니다!

김동식 작가가 초단편 소설은 누구나 쉽게 쓸 수 있다고 말하면서 소설 장르의 마중물로 입문해보라고 말하고 있다. 김동식 작가도 스스로 초단편 소설은 소설 장르가 아닌 것처럼 말하고 있다. 초단편 소설은 학계에서 소설로 인정받지 못하고 있기 때문이다.[8] 그런데 우리가 여기에서 고민하는 것은 초단편 소설의 문학성에 관한 것이 아니라 글쓰기의 한 수단으로써 초단편 소설의 유용성에 관한 것이다.

필자는 충분히 초단편 소설이 글쓰기에 대한 하나의 좋은 수단이 될 수 있다고 생각하고 있다. 필자가 초단편 소설을 처음 읽었을 때 떠오른 생각은 바로 이것이었다.

'이거 내가 어렸을 때 가졌던 생각이잖아!'

여러분은 학창 시절, 시험 보는 날 공부를 하지 못하고 학교에 갈 때 어떤 생각을 했었나? 어떠한 이유로든지간에 학교에 정상적으로 도착하지 못하는 상상을 하지 않았던가? 교통사고가 나서 가지 못한 모습을 상상했다가 너무나 끔찍했던 생각을 안 해보았는가? 외계인이 쳐들어와 세상에 난리가 난다든가. 학교 운동장에서 갑자기 엄청난 양의 금이 발견된다든가. 학교에 갑자기 대통령이 방문한다든가. 필자는 이러한 이야기를 시작으로 상상의 날개를 펼치면서 잠시나마 시험의 압박감에서 해방되기도 했었다.

필자가 처음 초단편 소설을 읽었을 때의 느낌은 초단편 소설이 이런 공상의 연장선상에 있었다는 것이다. 이 말은 곧 이런 종류의 상상을 한 번쯤 해본 이는 누구나 초단편 소설을 쓸 수 있다는 뜻이기도 하다. 초단편 소설의 창시자 김동식 작가도 근로자였을 뿐 전문적인 글쓰기 교육을 전혀 받지 않은 이였다. 그리고 실험적으로 중학생들과 단체로 초단편 소설을 쓴 적도 있다고 하였다.

---

[8] 초단편 소설에 관한 학술 논문을 현재(2025. 7. 7. 기준) 찾아볼 수 없다.

소설 쓰기에 관심은 있으나 초단편 소설에 표현된 상상력이나 반전이 부담되는 이에겐 스마트 소설을 권하고 싶다. 스마트 소설은 공모전도 있다. 먼저 공모전을 소개하겠다.

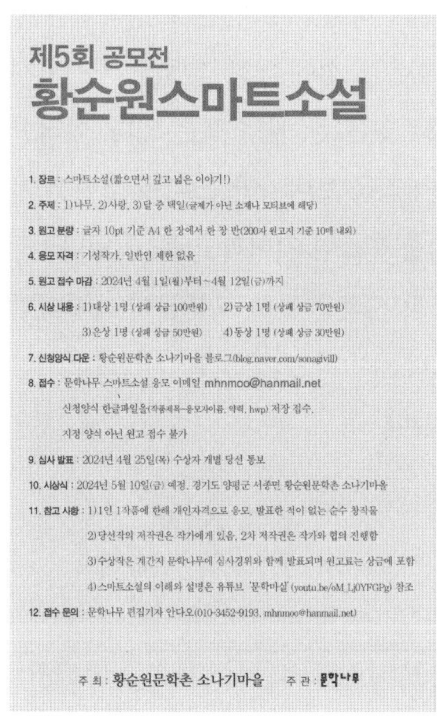

스마트 소설 공모전은 매해 열리고 있다. 공모전이 매해 열린다는 것은 소설 쓰기에 있어서 상당한 동력을 제공한다. 주관사인 '문학나무'는 계간지를 발간하고 있으며 계간지에는 항상 스마트 소설이 실려 있다.

김명희문학TV에서 제공하고 있는 스마트 소설의 특징을 대략 살펴보면 다음과 같다.

① A4 용지 1매 남짓의 짧은 길이(원고지 10매 내외)
② 등장인물은 1~2명
③ 구성의 폭이 굉장히 좁고 하나의 소재를 매우 짧고 탄력 있게 다룸.
④ 희로애락 중 한 단편만을 다룸.

⑤ 이야기가 매우 짧고 가볍고 탄력적이며 일상적인 소재들이 주로 다루어짐.
⑥ 예상을 뒤엎은 놀라운 반전이 마지막에 등장하기도 함.

김동식 작가는 초단편 소설 작법에 관한 책도 출간하였고, 초단편 소설 작법을 소개하는 동영상 강의도 제공하고 있다. 그러나 스마트 소설에 대한 작법을 간단히 제시한 리포트는 있지만 작법을 전문적으로 다루고 있는 한 권의 책은 없다. 이러한 점을 통해 초단편 소설은 기존 소설과 상당한 차이점을 보이지만, 스마트 소설은 기존의 소설 양식과는 크게 다르지 않은 채 그 길이를 축소한 것이라고 볼 수 있다.

여러분 중에서 소설 쓰기에 관심이 있으나 막상 시작을 못하는 분들이 계시다면 출간된 초단편 소설과 스마트 소설을 읽어보고 마음이 가는 것을 골라 시작해보면 좋을 것 같다. 물론 두 소설에 다 도전해도 상관없다.

CH 3.
수필 쓰기

일반인으로서 문학 장르에 바로 도전할 수 있는 것이 수필이다. 수필은 문학 장르이지만 일반인도 어렵지 않게 글쓰기에 도전해 볼 수 있다. 그러한 이유는 수필의 특징 때문이다.

수필은 자신의 체험을 자유로우면서도 솔직하게 쓰는 글이다. 수필은 시, 소설과 달리 허구성이 없다. 즉, 꾸며 쓸 필요가 없다는 것이다. 따라서 누구나 자신의 체험을 진솔한 어조로 차분하게 써 나가면 좋은 수필을 쓸 수 있다. 하지만 초보자 입장에서는 이것 또한 쉽지 않다. 그래서 여기에서 수필의 일반적 구성을 충실히 따르고 있는 훌륭한 수필을 한 편 소개하고자 한다.

남자와 남편

이효정

5월의 신부는 눈부시게 아름다웠다. 하얀 웨딩드레스에 반짝이는 왕관을 쓰고 입장할 때 모두가 탄성을 질렀다. 진한 감색 예복의 신랑도 역시 훤칠한 모습으로 신부를 바라보면서 연신 입이 귀에 걸렸다. 신랑보다 어리게 보이는 사회자는 하객들이 즐거워하도록 익살스럽게 예식을 진행하고 있었다. 신랑과 신부는 입장 후에 성혼서약문을 교대로 읽어가면서 낭독을 했다. 이어서 신랑의 아버지가 멋쩍게 두 남녀의 성혼을 선언하고 신부의 아버지는 행복하게 살라는 덕담을 해주었다. 신랑의 친구가 멋들어지게 축가를 부르고, 모든 하객들은 새 출발을 하는 신랑과 신부를 한껏 축하해주었다.

화려한 결혼식은 그렇게 막을 내렸다. 식을 지켜보던 나도 신혼부부가 앞으로 펼쳐지는 삶의 무대에서 행복하게 살기를 기원하였다. 방금까지 남이었던 한 남자와 한 여자가 부부로 맺어진 것이다.

얼마 있으면 결혼 40주년을 맞는 나는 아직도 남편의 도리를 제대로 실천하지 못하고 있다. 몰라서도 그렇고 어떤 때는 알지만 게을러서 그렇다. 남편의 역할을 완전히 이해한다는 것은 수행자가 인내를 가지고 득도를 구하는 것처럼 어려운 일이다. 결혼식에서 주례나 부모님이 전해주는 남편의 길을 머리로는 이해할 수 있으나, 가슴으로 이해하기에는 더 많은 시간이 필요하다. 아마 평생을 노력하며 걸어가야 하는 길일 것이다.

우리는 혼인하고 달포도 채 안 되어 미국으로 유학을 떠났다. 유학시절 초반에 학교를 다니면서 미흡한 어학 능력 때문에 수업이나 밀려오는 과제와 씨름을 하느라 정신이 없었다. 당연히 아내를 자세히 살펴볼 겨를이 없었다. 더구나 처음 환전해 가지고 간 유학자금이 소진되는 것은 시간문제였다. 학업도 중요했지만 빵과 우유를 살 돈이 필요했다. 바쁜 중에 시내 중심가의 백화점에 가서 저녁 일자리를 구하였다. 백화점이 문을 닫기 직전에 출근해서 낮 동안 손님들로 어지러워지고 더러워진 곳곳을 새 건물처럼 보이도록 쓸고 닦았다.

사 층짜리 대형 백화점을 오르락내리락하며 바닥을 윤내고 쓰레기통을 비우고 화장실을 청소하는 일은 단순했지만, 육체적으로 만만하지 않았다. 자정이 넘어 작업이 끝나면 파김치가 된 몸으로 집으로 돌아왔다. 버스가 끊긴 밤거리는 적막하기만 한데, 가끔 희미한 불빛이 비치는 거리를 배회하는 사람을 만나면 섬뜩하기도 했다. 그렇게 간간이 비추는 가로등을 세면서 집으로 돌아오는 길은 시오 리가 조금 넘었는데 무척 멀게만 느껴지곤 했다.

어느 날 저녁을 먹고 집을 나서는데, 아파트 옆 쓰레기장에 누군가가 폐기 처분한 자전거를 보았다. 자전거를 이리저리 살펴보니 바람이 조금 빠졌지만 두 바퀴는 멀쩡하였다. 내 허리보다 높은 안장에 올라가 양발을 굴러보았다. 이런 횡재가 있나! 외형도 멀쩡하고 바람만 넣는다면 완벽할 것 같았다. 그러나 자전거를 조심스럽게 살펴보니 양쪽 브레이크가 모두 떨어져 나간 것을 알았다. 자전거는 페달을 밟고 앞으로 나갈 수는 있었지만 쉽게 멈출 수가 없었다.

아내는 브레이크도 없는 자전거는 위험하니 타고 가지 말라고 말하였다. 백화점까지 가는 것은 그렇다 치더라도, 일을 마치고 녹초가 된 몸으로 자정이 넘은 밤중에 돌아오는 것은 매번 힘이 들었다. 아내의 눈치를 보면서 자전거를 타고 가기로 마음먹었다. 이 남자는 아내의 말을 귓전으로 흘려보내고 자전거 위로 올라타서, 조심스럽게 페달을 밟으며 슬며시 도로로 나갔다.

"여보!"

아내는 고집스럽게 자전거를 타고 가는 내 뒷전에서 천둥 같은 소리로 나를 불렀다. 이어 가느다랗게 떨리는 애잔한 목소리가 내 심장을 때렸다.

"나는 당신 하나만 믿고 여기까지 왔는데…."

나는 앞으로 구르는 자전거를 멈추기 위해 비틀거리며 발로 연거푸 땅을 딛고 나서 겨우 멈추고 뒤를 바라보았다. 아내는 그곳에서 거의 울음이 터질 듯한 표정으로 나를 바라보고 있었다.
　우리는 친척도, 친구도, 아는 사람이라고는 하나도 없는 이역만리 땅으로 날아온 철부지 젊은 부부였다. 신기루마저 보이지 않는 거대한 열사熱沙. 모든 것이 낯설고 말이 통하지 않는 이방인들의 세상은 고독의 사막이었다. 우리는 매일 끝없이 펼쳐지는 그 사막을 걷고 있었다. 끝이 보이지 않는 삭막함의 한 가운데에서, 아내는 내게 불행한 일이 일어나는 것을 상상하고 슬픔에 빠진 것이다. 나에게 오직 그녀밖에 없듯이, 나는 그녀가 가진 전부였다. 평생을 살면서 아내를 편안하게 해주고, 미소 짓게 해주고, 행복하게 해주어야 한다는 주례 선생님의 당부를 깜박 잊고 있었다.
　자전거를 다시 쓰레기장에 가져다 놓았다. 그리고 아무 말없이 아내를 껴안아 주었다. 한참이 지나 아내의 얼굴을 바라보니 행복한 미소가 아름다운 얼굴에 가득 차 있었다. 아내의 미소를 보고 나서 백화점으로 향하는 내 발걸음은 무척이나 가뿐하였다. 그 여름 초저녁에, 나는 남자에서 남편으로 성장하였다.
　　　　　　　－『월간문학 2024년 12월호』, 사단법인 한국문인협회, 2024

　여러분은 이 수필의 클라이맥스가 어디라고 생각하는가? 필자의 질문이 생뚱맞나? 수필에 웬 클라이맥스? 하는 사람도 있을 것이다. 모든 글에는 흐름이 있다. 시작이 있고 끝이 있는 것이다. 한 편의 글이 시작해서 끝을 향해 달려간다면 당연히 전개가 있고 절정이 있을 수밖에 없다. 절정에서 울림이 크다면 좋은 글이다.

　이 글에서 절정은 "여보!"이다. 필자는 처음 이 글을 읽을 때 완전히 몰입해서 완전 아내의 목소리로 "여보!"를 읽었다. 애타는 목소리로 말이다.

　수필을 처음부터 다시 보자. 글쓴이가 결혼식에 참석한 이야기로 글을 시작하고 있다. 그러면서 글쓴이 자신의 결혼 40주년 이야기로 자연스럽게 넘어가고 있다. 결혼 40년이라니, 얼마나 할 이야기가 많겠는가? 그 중 결혼 초기인 신혼 시절의 이야기를 들려준다. 그것은 더군다나 미국 유학 이야기이다. 이것 또한 독자의 호기심을 자극한다.

　결혼-신혼 생활-미국 유학 이야기로 연결되면서 글의 긴밀성을 높이고 있다. 유학 생활의 고단함을 보여주며 이 고단함을 조금이나마 덜어줄 수 있는 자전거의 발견으로 이야기를 전개한다. 시오리의 짧지 않은 길을 두 발로 걸어 다니니 얼마나 힘들겠는가? 그것도 지친 몸으로. 그때 발견한 누군가 타다 버린 자전거! 자전거는 브레이크가 고장이 나 멈추기기 쉽지 않은 것이었지만 여러 일로 지친 글쓴이에겐 그런 것은 눈에 들어오지 않는다. 글에는 표현되어 있지 않지만 아마 글쓴이는 주워 온 자전거를 아내에게 자랑했을지도 모른다. 그런 남편을 보는 아내의 심정은 어떠했을까?

아내의 마음도 모르고 편안하고 빨리 갈 수 있다는 것에 눈이 멀어 자전거에 올라탄 남편에게 아내가 외친다.

"여보!"

그리고 수필은 자전거를 쓰레기장에 버렸다는 이야기로 바로 이어지지 않는다. 독자가 감동을 음미할 수 있도록 서사적 이야기는 글의 뒤편으로 미룬다. 대신에 녹록치 않은 유학 생활과 병행되는 결혼 초의 일을 사막에 비유하여 삶의 의미를 전달한다. 그리고 남편을 향한 아내의 사랑, 그것에 대응되는 아내를 향한 남편의 사랑과 성장을 보여주며 글을 끝맺고 있다. 군더더기가 전혀 없고 삶의 의미를 성찰할 수 있는 훌륭한 수필이다. 읽으면 읽을수록 진솔한 사랑의 힘이 느껴진다.

위 수필의 구성을 정리하면 다음과 같다.
- **처음(도입)**: 지인의 결혼식 이야기-예쁜 신부와 멋진 신랑
- **전개**: 자신의 체험 즉, 나도 신혼 시절이 있었다. 이것이 수필의 주요 내용이다.
- **절정**: 자신의 체험 중 핵심 내용으로 치달으며 "여보!"에서 클라이맥스를 보여준다.
- **결말**: 마무리

좋은 수필이 모두 위와 같은 구성을 보이는 것은 아니다. 좋은 수필의 이유는 다양하니까. 하지만 역으로 위와 같은 구성으로 수필을 쓰면 좋은 글을 쓸 수 있다는 것이다.

위 수필은 훌륭한 구성을 보여주는 동시에 많은 의미를 전달한다. 힘든 시절 부부의 애틋한 사랑이 이 글의 주제이다. 이 글은 여기에 몇 가지 작은 의미를 곁들여

전달하고 있다. 앞으로 나아가는 것만이 중요한 것이 아닌 제대로 멈출 줄 아는 것의 중요함을 전달한다. 멈추는 것의 중요함을 간과해서 아내의 말을 듣지 않았다면 정작 삶이 멈추었을 지도 모른다. 그리고 부부 생활에서 서로에 대한 사랑이 절제(시키는 것)를 통해서도 드러나는 것임을 보여주고 있다.

무엇보다도 이 수필은 군더더기가 전혀 없는 정제된 문장을 쓰고 있다. 이것 또한 큰 매력이다. 적지 않은 기간 동안 문장을 수련했을 것으로 보인다. 여러분도 여러분의 삶에서 의미 있는 일을 선택하여 위와 같은 구성으로 글을 전개하여 본다면 좋은 수필을 쓸 수 있을 것이라 생각한다. 좋은 문장을 쓰고자 하는 노력을 곁들인다면 말이다.

다음은 필자의 제자 중 결혼 이민자 학생 한 명이 쓴 글이다. 진솔한 내용의 글이라고 생각하여 여러분에게 소개하고자 한다.

나의 삶과 한국어

원정안

　나는 25살 때 베트남에서 우연히 남편을 만났다. 처음에 우리는 주로 베트남어로 소통했고, 때때로 두세 마디 영어를 했다. 1년이 지나고 나서 나는 학원에서 한국어 공부를 시작했다. 처음에는 한글 모음과 자음을 배우면서 이렇게 생각했다. 야, 왜 이렇게 쉬운 거야? 이 라틴어는 보기는 어려운데 왜 배우기가 쉬울까? 하지만 나중에 공부를 많이 하면 할수록 한국어 문법이 복잡해지는 것을 알 수 있었고 한국어 문법이 베트남어나 영어 문법과 같지 않다는 것을 알게 되었다.

　학원에서 한국어 과정을 마치고 한국어로 소통할 수 있다는 것을 느낀 후, 나는 한국어로 돈을 벌기 시작했다. 나는 베트남에 있는 한국 여행사에 지원했다. 그리고 그 이후로 한국인 남자 친구 말고도 베트남에 여행 온 한국인 관광객들을 많이 만났다. 한국어를 할 줄 알고 더 많은 한국인들과 함께 일하고 만날 수 있었기 때문에 나는 유치원 교사직을 그만두었다. 겨울눈을 너무 좋아해서 한국 남자 손님들을 데리고 관광하러 갔을 때 나는 신이 나서 물었다. "키스 할 줄 아세요?" 라고 말했을 때 바로 두 명의 한국 손님이 손을 뻗어 입을 모아 웃으며 다시 물었다. 키스, 키스? 나도 모르게 스키라는 단어를 잘못 말한 걸 깨달았다.

　처음 결혼했을 때 우리는 여전히 베트남에 있었지만, 임신한 것을 알게 되었을 때 우리는 한국으로 돌아가기로 결정했다. 나는 한국어 중급과정을 마쳤기 때문에 한국에 왔을 때 의사소통에 어려움이 별로 없었다. 그런데 한국에 살면서 한국말을 잘하는 베트남 사람들을 많이 만나면서 내 자신이 부끄럽다고 느꼈고, 한국에서 할머니 할아버지들의 말을 이해하는 것이 한국어를 제일 잘 하는 것이라고 깨달았다.

　비록 한국어 이해가 많이 부족하지만, 아름다운 대한민국 삶에 더 잘 녹아 들 수 있도록 열심히 한국어를 배우도록 노력할 것이다.

다음은 2024년 6월 22일부터 6주 동안 집에서 미국 학생을 홈스테이하는 행사에 참여하여 쓴 글이다.

The first day with Sophia - 소피아와의 첫날

Sophia를 만나기까지

4월 중순에 지인으로부터 네실리와이 홈스테이에 대해 들었다. 극히 외향적인 성격의 나는 순간 흥분되었고 그것에 매료되었다. 그러나 바로 고민에 빠졌다. 극히 내향적인 아내를 설득해야 했기 때문이다. 그리고 아들의 방을 사용하기 위해서는 서울에서 공부하고 있는 아들의 허락을 얻어야 했다. 나는 지체 없이 홈스테이 모집 공고를 가족 단톡방에 올렸다.

아들은 "내방 쓰면 되겠다."로 찬성의 글을 올렸다.

이후로 아내에게 일주일 동안 네실리와이 홈스테이 얘기를 했지만 농담으로만 받아들였다. 딸아이도 초등학교 6학년 때 호주로 어학연수를 간 경험이 있었고 또한 딸아이에게 외국학생이 집에 와서 머무르는 것도 좋은 경험이 될 것 같아서 아내를 설득했다. 딸아이와 내가 학생을 주로 돌볼 것이라고 말하면서 아내의 허락을 받았다. 그런데 이것은 극히 내향적인 성격의 아내에게 걱정거리를 준 것이나 다름없었다.

바로 '밥' 때문이었다. 특히 아침 식사 때문에 걱정을 하고 있었다. 저녁이야 외식을 한다고는 하지만 아침을 미국식으로 차려야 할지, 한국식으로 차려야 할지 걱정이었고 미국식은 또 어떠한 것이며, 한국식으로 차려주면 아이가 잘 먹을지도 걱정이었다. 걱정은 꼬리에 꼬리를 물고 이어졌다.

한 가정의 엄마로서 밥을 챙겨줘야 한다는 것이 한낱 주는 밥만 먹고 다니는 남편으로서는 이해하기 쉽지 않은 큰 부담이었던 것이다. 딸아이가 "엄마 나도 호주 갔을 때 아침에 그냥 빵 먹고 학교 가고 그랬어. 부담 가지지 마!"라고 이야기하기도 했지만 큰 도움이 되지는 못한 듯했다.

한 달 후 네실리와이에서 가정 방문을 하였다. 여러 이야기 중에 모집자가 다 채워지지 않으면 사업 자체가 취소될 수도 있다는 얘기를 얼핏 들었다. 네실리와이 직원이 돌아간 후 나는 그 말에 골똘해졌다. 이렇게 아내의 걱정이 큰데 차라리 취소되었으면 좋겠다는 생각이 들었다. 그리고 바쁜 생활은 이어졌고 네실리와이로부터는 아무 연락이 없었다. 진짜로 취소되나 생각도 하였다. 막상 취소된다고 생각하니 좀 아쉽다고 생각할 때 오리엔테이션 안내 문자가 왔다. 아내는 닥칠 것이 닥쳤구나 생각하는 듯했다. 그런 아내를 보는 나도 걱정이 앞섰다.

그런데 오리엔테이션에 참석하고 나서, 특히 우리집에 올 학생에 대해 인스타그램에서 확인하고 난 후 그러한 걱정은 완전히 사라졌다. 최소한 나에게서는.

우리집에 올 학생은 "Sophia Fu", 인디애나 주가 고향인 학생이었다. 인디애나 주에 관한 정보가 있는 책을 찾아보았지만 찾지 못해 블로그만 탐독했다. 인디애나폴리스라고 나오는데 폴리스라는 단어도 낯설었다. 찾아보니 "대도시" 이런 뜻이었다.

인스타그램에서 대화를 시도했고 소피아가 답을 해왔다. 금요일 아침에는 한국에 도착했다는 문자도 보내왔다. 그리고 단톡방에 올라온 단체 사진과 짧은 동영상. 이러한 것은 소피아와의 만남을 더욱 설레게 했고 기다리게 했다. 그런데 아내와 이야기를 하다 보니 극히 내향적인 성격의 아내가 집안에 낯선 이가 와 있는 것에 대해 걱정하는 것은 아니었다. 그런 점도 전혀 없는 것은 아니지만 "밥"에 유독 민감하게 반응하고 있다는 것을 알게 되었다. 그래서 '라면', '짜파게티', 그리고 '맛집도 많이 알아볼게'라며 안심을 시켰다.

Sophia를 만나는 날 - 0622

아침에 일찍 눈이 떠졌다. 밀려 있는 회사일들을 아침에 서둘러서 했다. 남아 있는 방정리도 마무리했다. 예정된 일정을 소화하면서 시간이 가까워오자 예상했던 것과는 달리 마음은 담담해졌다. 소피아에게 건넬 몇 마디를 번역기를 통해 점검해보았다. 회사일이 생각보다 늦게 끝나 아내가 먼저 버스를 타고 신흥고로 갔다. 나의 도착 예정 시간은 5시 10분. 먼저 도착한 아내가 전화를 걸어왔다.

"소피아 만났는데 얘기좀 해봐."
"안녕하세요"
".......... Wait ten Minute"

극히 내향적인 성격인 아내는 번역기 같은 것에는 관심도 없었다. 내가 소피아에게 건넨 첫마디는 "10분 기다려"였다.

신흥고에 도착하여 소피아를 만났다.
"Welcome"

소피아는 약간 긴장한 듯했다. 나는 그의 긴장을 풀어주기 위해 수준 낮은 영어로 이야기를 이어 나갔다. 그러자 소피아가 내게 건넨 말.

"Your english is good"

살다 보니 원어민으로부터 이런 말을 듣다니. 역시 인생은 재미있다. 아파트 주차장에서 딸아이를 만났다. 딸아이와 소피아도 반갑게 인사를 하였다. 집에서 간단한 소개를 하려 하는데 소피아가 번역기를 들이댄다. 대략 이런 내용이었다.

"홈스테이를 통해 저를 집에 초대해줘서 감사합니다. 그래서 고향에서 몇 가지 선물을 가지고 왔습니다."

여러 음식과 과자를 내놓는데 적은 양이 아니었다. 그리고 티셔츠 두 벌도 같이 주었다. 딸아이를 호주에 보낼 때 우리는 아무것도 보내지 않은 것 같았는데 이렇게 챙겨주니 고

마울 따름이다. 생활에 대한 간단한 이야기를 하고 집에 올 때 물어보았던 저녁 식사를 위해 밖으로 나갔다.

집에 오는 길에 이런 식의 대화를 했었다.
"What do you want to eat this evening"
"anything"
"meat, fish, noodle……"
"noodle"

가까운 국숫집으로 갔다. 거기서 정말 오랜만에 떠오른 영어 문장.
"Help yourself!"
"내가 호주에 갔을 때 정말 많이 들었던 말인데" 딸아이가 호주에서의 생활을 추억하며 말을 한다. 식당에서 소피아와 딸아이의 영어 대화를 듣고 아내가 하는 말.
"아빠와 딸의 영어는 확실히 다르군."
당연한 것 아닌가. 나의 영어 선생님들은 정말 옛날 사람들이었는데.(죄송합니다. 선생님 핑계를 대서)

집에 돌아와 소피아는 방에 들어가 짐을 정리하였다. 나는 정확하게 말하기 위해 번역기를 켰다.
"Sophia, I'm so glad you came to my house. I like foreigners. I hope you have fun here. I will support you in whatever you want to do. Tell me anything you need."

이 글을 작성하고 있는 동안 소피아가 내게 와서 말한다.
"안녕히 주무세요"
"잘 자, 소피아"
내일은 버스를 타고 학교에 가는 연습을 한다. 내일이 무척 기대된다.

블로그에 소피아와 같이 보냈던 약 40여 일간을 기록했다. 고3이었던 소피아는 미국에 돌아간 후 스탠포드와 하버드에 합격했다는 소식을 전해왔다. 그리고 고맙게도 한 해가 지난 올해 7월에 우리집을 다시 방문하여 2박 3일 동안 머무르다 돌아갔다.

6주간 미국 아이와 같이 보낸 시간은 나에게도 많은 변화를 가져왔다. 6주 동안 소피아에게 몰입하였기에 그와 헤어지는 것도 쉽지 않았다. 이러한 나의 정서를 나

는 그가 떠나고 나서 짧은 시로 표현하였다. (부록 '[생활시] 이별' 참조)

CH 4.
문학 감상문 / 영화 감상문 쓰기

여러분은 어떤 텍스트를 읽은 후 이에 대해 감상문을 쓰는 것이 쉽다고 생각되는가? 아니면 어렵다고 생각되는가? 전에 없던 새로운 작품을 만들어내는 것이 아니고 기존에 있는 작품을 읽고 그것에 대한 느낌을 쓰는 것이므로 쉽다고 말할 수도 있겠다. 반대로 작품의 내용(줄거리)을 쓰고 나면 더 이상 쓸 내용이 없어서 힘들다고 말하는 이도 있을 것이다.

작품에 대한 느낌을 쓰는 것이 어렵다고 말하는 이에게 이런 말을 하고 싶다. 자전거를 타고 가다 보면 작고 큰 요철에 '통'하고 튀어오를 때가 있다. 요철이 크다면 '통'이 아니라 '퉁'일 것이다. 작품을 읽다가 자신이 느끼는 이런 '통'이나 '퉁'에 주목했으면 한다. 거기서부터 이야기를 시작하면 된다.

1) 문학 감상문

먼저 문학 감상문부터 이야기를 해보자. 문학 감상문이라 하면 시 작품에 대한 감상문도 포함하는 것이지만 여기서는 소설 작품을 예로 들겠다. 최근 젊은이들의 일과 사랑의 모습을 하이퍼 리얼리즘이라는 이름으로 상세하게 보여주고 있는 장류진의 소설에 대해 이야기하고 싶다. 그의 첫 소설집 『일의 기쁨과 슬픔』에 수록된 '나의 후쿠오카 가이드'를 보자. 그의 소설은 매우 재미있어 실상 자전거를 탈 때의 요철 같은, 마음에 걸리는 것을 느끼지 못하고 아주 빠르게 읽어 나아갈 수 있다. 그런데 '나의 후쿠오카 가이드'를 읽을 때 딱 한 번 '통'하고 마음에 걸린 부분이 있었다.

한 여자를 사랑해 일본까지 간 남자는 여자와 자연스럽게 가까워지길 원한다.

그러면서 한국에 돌아가기 전 하룻밤을 같이 보내길 원했던 남자는 자연스럽게 하룻밤을 지내기 위해 여러 전략을 짠다. 하지만 여자는 그것을 간파하고 남자의 전략에 넘어가지 않는다. 한국으로 돌아가기 전날 여자와 같이 밤을 지낼 수 없게 되자 남자는 화가 폭발한다.

> 그런 기이한 작별인사가 끊어질 듯 이어졌고, 그렇게 끊으려는 자와 끊지 못하는 자의 실랑이가 한참을 더 이어진 끝에 통화가 끝났다. 세상 질척거리는 통화였다. 심지어 나는 울고 있었다. 최악이었다. 휴대 전화를 침대 위에 던져버리고 탁자를 주먹으로 내리쳤다. 그러자 뚜껑을 닫지 않은 채로 올려놨던 생수병이 바닥으로 굴러떨어졌고 바닥에 두었던 백팩 위로 물이 쏟아졌다. 나는 황급히 백팩을 집어 들었다. 백팩의 앞주머니 지퍼가 활짝 열려 있었다. 이 씨발년이. 열었으면 닫아놔야 할 거 아냐. 소중한 황금연휴가 엉망이 되어버렸다. 나는 내가 지유씨 앞에서 울었다는 사실이 억울해서 또 눈물이 났고 그렇게 눈물의 악순환 속에서 잠이 들었다.
>
> - 장류진, 『일의 기쁨과 슬픔』, 창비, 2019

여자는 남자를 사랑하는 걸까? 어떻게 사랑하는 여자에게 욕을 할 수 있을까? 이 소설을 읽으면서 딱 한 군데 이 부분이 마음에 거슬렸다. 그리고 이 소설을 찬찬히 다시 읽었다. 예상대로 남자는 여자를 사랑하지 않았다. '남자는 여자를 사랑하지 않았다.'라는 결론을 가지고 소설을 다시 살펴보니 소설에서 말하고자 하는 의미를 조금은 알 것 같았다.

독자의 이해를 돕기 위해 위 부분에 해당하는 해설의 내용을 일부 담기로 한다.

> 그러나 나름의 치밀한 계산과 전략으로 틈틈이 그녀와 잘 기회를 노리다가 여행의 마지막 밤에 지유씨에게 거절을 당하자, 지훈의 자신감을 굴러가게 했던 기제가 폭로되기 시작한다. 처음에는 지유씨와 한번 자보려고 하는 게 아니라는 사실을 "모든 진정성을 끌어모아" 설득하고, "여태까지 이렇게, 진짜, 뭔가, 통한다는 느낌이 드는 여자"(95면)는 한번도 없었다며 답답해하다가, 통화를 끊지 않으려 울면서 질척이던 중 분노에 못 이겨 휴대 전화를 내던지는 단계를 점진적으로 거치면서 드러나는 것은 지훈의 적나라한 내면이다. 그는 지유씨를 좋아하는 마음이 '진짜'라고 고백하지만, 오히려 지훈의 진정성은 지유씨를 "한번 결혼했던 여자"(96면)라고 낮추어 보고 "이 씨발년이"(97면)라고 욕하는 위선에서 그 실체가 드러난다.

- 장류진, 『일의 기쁨과 슬픔』, 창비, 2019

이처럼 자신이 느꼈던 '마음의 거슬림'을 매개로 문학 작품의 의미를 찾아가면 된다.

문학 감상문을 처음 쓰는 초보자 입장에서는 위와 같은 이야기가 어쩌면 매우 어렵게 느껴질 수도 있다. 교육 현장에서는 가끔 문학 감상문의 일반적인 형식을 제시해 달라고 하는 경우가 있다. 제시받은 형식에 맞추어 글을 쓰면 쉽게 접근할 수 있을 것 같다는 생각에서이다.

그런데 문학 감상문의 일반적 형식이 있겠는가? 그럼에도 한 가지 제시한다면 다음과 같은 3단계 구성을 제시하고자 한다. (여기서 제시하는 3단계 구성은 초보자를 위한 일반적 구성을 제시하는 것이다. 절대적인 것이 아니다. 각자 자신이 느끼는 감정을 진솔하게 쓰면 된다.)

- **1단계**: 글과 관련된 가벼운 자신의 이야기(경험이나 생각)
- **2단계**: 글의 내용
- **3단계**: 글의 내용과 관련하여 자신의 중심 생각을 표현, 이 부분에서 주제를 전달한다.

이러한 구성을 엿볼 수 있는 아주 훌륭한 문학 감상문을 여러분에 소개한다.

아무것도 할 수가 없어서 그저 편지를 보내

김시온

우리는 사랑을 하며 산다. 다른 어떤 단어로도 대체 되지 않는 사랑은 신이 주신 축복이다. 함께 있으면 즐겁고 웃음이 나며 세상을 다 가진듯한 기분이 든다. 연인 사이의 사랑, 부모와 자식의 사랑, 더 이루 말할 수 없는 불우한 이웃을 향한 사랑도 있다. 그러나 나는 오늘 사랑의 이면을 보았다. 그것은 신이 주는 가장 가혹한 저주임이 분명하다. 대체로 현실에 한정된 사랑이란 것을 가장 끔찍하다고 생각하며 살아가는 이들. 자신들의 사랑을 전할 수조차 없는 이들. 아마도 그 사랑은 죽은 이들을 향해 있지 않을까.

어두컴컴한 집으로 들어서서 벽을 더듬으며 불을 켰다. 바깥소식을 접할 수 없었던 재수학원에서 돌아온 늦은 밤, 방으로 들어와 티브이를 켜고 하염없이 눈물을 흘렸다. 모든 채널에서는 하나의 사건만을 보도하고 있었고 당시 안산에서 고등학교를 다니던 내 동생과 동갑이었던 아이들의 이야기였다. 지금도 그때 왜 그렇게 많이 울었는지 설명할 수는 없다. 아마도 남아 있는 사람들을 위해서 해줄 수 있는 위로가 없어서 한 시간이 넘도록 방안에 서있던 건지도 모른다. 시간이 꽤 흐른 지금, 우리는 남은 유가족들을 어떻게 기억할까. 나는 4월의 노란빛이 흩날리는 때가 되기까지는 잘 기억하지 못하고 산다. 퇴근하고 돌아오는 길에 지나치는 장례식장을 볼 때면 이따금 생각나기도 하지만 대체로는 거의 떠오르지 않는다. 대부분 사람들의 기억에서 잊혀졌다가 때가 되면 수면 위로 드러나는 추모의 글을 통해 잠시나마 같이 묵념할 뿐이다.

그럼 유가족은 어떤 마음으로 하루하루를 살아갈까. 자식을 잃은 부모로 기억되는 것을 그들은 전혀 원하지 않을 텐데. 우리의 추모가 그들에게 무조건적인 힘이 될 수 있을까. 감당해낼 수 없는 기억을 떠올리게 하는 무자비한 매개체로서 이 소설을 읽으며 유가족들의 삶과 그 심정을 짐작해 본다.

내가 중점적으로 생각하게 된 부분은 소설 초기의 사고로 언니를 잃고 나서 그 이후의 삶을 묘사하는 해미의 시선이었다. 부모님의 슬픔이 깊어질수록 더욱 짙어지는 언니의 죽음을 해미는 꽤 담담하게 말하지만, 부모님이 언니의 유품을 정리하지 못하도록 하나씩 자기의 방으로 가지고 오는 모습을 보면 해미도 언니를 너무도 많이 그리워했고 흔적이 지워지는 것을 원치 않았던 것 같다. 그러나 부모님은 그런 해미의 마음을 본인들의 슬픔보다 더 신경 쓸 여력이 남아있지 않았기에, 걸핏하면 쓰라린 추억을 흩뿌리는 공간에서 도피하고자 했다. 어머니는 해미와 해나를 데리고 독일로, 아버지는 홀로 부산으로 향했다. 독일로 온 어머니는 딸들의 귀가시간을 매번 체크했고, 연락이 되지 않으면 어머니가 불안해 할 것을 알고 있던 해미는 다른 길로 새지 않고 곧장 집으로 돌아왔다. 실제로 사귀지 않은 친구들과 잘 지내고 있다고 거짓말로 어머니를 안심시키는 것, 독일에 있는 가족들이 잘 지내고 있다고 아버지께 거짓말로 편지를 쓰는 것, 당시의 거짓말이 아니면 살아갈 수 없었다는 중학생 아이의 그 말을 안쓰러워 해야 하는 건지 대견하게 여겨야 하는 건지 갈피를 잡지 못한 채 책장을 넘겼다.

소중한 사람을 잃고 한 순간에 공허가 되어버린 마음을 숨죽여 노력하고 있는 아이의 배려로 채워야 한다는 게 너무 가슴이 아팠다. 우리가 어른이라고 해서 우리가 느끼는 슬픔이 아이들의 슬픔보다 더 무겁다고 할 수 있을까. 어쩌면 감정 그 자체를 순수하게 느끼는 아이들에 비해 더 없이 무뎌졌을지도 모르는데. 어려서 잘 모를 것이라는 단편적인 선입견으로 아이들의 노력을 외면하는 게 우리가 지양해야 할 자격 없는 어른이 아닐까 생각했다.

다행히 소설에는 해미를 위한 이들이 많아서 따뜻했다. 해미의 거짓말을 짚어내지 않고 아이가 힘들어하는 것을 해결하기 위해 다른 아이에게 '네가 해미의 친구가 되어줄 수 있겠니? 한국에서 온 지 얼마 안돼서 독일어도 조금 서툴고 친구를 사귀기 어려운가 봐. 네가 밝고 힘든 이를 외면하지 않는 아이란 걸 이모는 잘 알고 있단다.' 하며 부탁하는 모습을 상상해 본다. 해미에게 진짜 친구를 만들어주는 세심한 배려가 더 이상 아이가 거짓말을 하지 않고 진실한 사람으로 성장할 수 있도록 도와주었다. 그렇게 더는 자신이 언니를 잃은 동생으로 살아가지 않도록 선물과도 같은 일상을 만들어 준 어른이 더 많아졌으면 좋겠다는 생각을 했다.

"나는 너무 큰 행복은 옅은 슬픔과 닮았다는 걸 배웠다."

그렇게 평범한 삶을 되찾은 해미는 이제는 다른 사람을 위해 살아간다. 친구 한수가 바라던 어머니의 첫사랑을 찾아주는 일에 동참하기로 하는 부분에서 해미의 따스함이 여실히 드러난다. 소설의 중후반에서는 한수의 어머니인 선자 이모의 첫사랑을 찾는 것이 주 목적이었고 결국 주인공이 해미가 찾아낸다. 친구 한수와의 약속이 어느새 자기 자신과의 약속이 되어 K.H라는 흔적만을 가지고 첫사랑을 찾아 나가는 부분이 책을 덮을 수 없게 만든다.

누군가에게 부탁을 하고 그 부탁을 들어주고 또 고마운 마음을 표하는 선한 상호작용을 그려보았다. 자신의 의도는 가벼웠거나 진심을 담지 못했더라도, 도움을 받은 이들은 마음 한 자리에 누군가가 심어준 꽃을 간직하며 살아간다. 봄이 아니어도 피어나는 그 꽃은 세상에 홀로 남겨진 게 아니라는 증표이며, 동시에 또 다른 이에게 봄을 알려줄 수 있는 것이 꽃망울이기도 하다. 한수와 해미 그리고 해미와 우재처럼 대화가 끊이지 않고 말할 거리가 넘쳐서 사랑하고 의지했던 것이 아닌, 힘들었던 시간을 함께 해주고 서로의 이야기를 들어주었기에 자신의 인생에서 절대 지울 수 없는 사람이 되어버린 것처럼 말이다.

어딘가에서 일상을 잃고 쓰러진 사람이 있다면 간절히 기도한다. 우리는 당신들의 아픔을 온전히 공감할 수 없고 작게나마 짐작하며 살아갈 뿐이라고. 그 짐작마저 차츰 흐려지는 게 옳은 것인지 옳지 않은 것인지 여전히 판단할 수 없다고. 그리고 그 일상에서 온전히 벗어나고 싶은 것인지 확신할 수도 없다고. 그러나 나는 계속해서 기억하고 잊지 않으려 노력하고 싶다. 이게 어떤 위로가 될 수 있을지 모르겠다. 그래도 내가 지금 당장 그 순간의 기억들을 외면하고 나만의 일상을 살아간다면 어떠한 안부도 전할 수 없을 것이라는 생각이 든다. 행복해졌으면 좋겠다는 말보다 서서히 슬픔이 옅어졌으면 좋겠다고 말하고 싶다. 나의

> 나의 다짐이 그들에게 상처가 된다면 더욱이 마음속으로만 다짐하겠노라고 말하고 싶다. 나는 기다리고 싶다. 어느 순간 평범한 삶을 살고 있다고 소리 없이 미소 짓는 때가 오는 것을. 우리의 입에서 오르내리는 가족을 잃은 가족이라는 낙인을 영원히 기억하지 못하는 때가 오는 것을. 어느 따뜻한 봄날의 안부를 전해준 백수린 작가처럼 나의 이 조용한 안부가 그들의 인생에 봄처럼 다가오기를 기다리고 싶다.
> ―「2024 안산시 올해의 책 독서감상작 전국공모전 수상작품집」, 2024

위 감상문은 소설가 백수린의 『눈부신 안부』를 대상으로 쓴 감상문이다. 위 감상문을 3단계로 나누어 보면 다음과 같다.

- **1단계**: 사랑에 대한 자신의 생각을 이야기하며 세월호와 관련된 자신의 경험을 이야기하고 있다. 이 부분 어디에도 소설에 관한 내용은 나오지 않는다.
- **2단계**: 소설의 내용을 언급하며 본격적으로 소설의 이야기를 한다. 해미의 시선, 해미와 해나의 독일 생활 이야기 등 소설과 관련하여 주된 이야기를 펼친다.
- **3단계**: 소설을 읽고 느끼는 자신만의 소감과 감정을 표현하고 있다. 그러면서 주제의식을 선명하게 표출하고 있다.

처음 감상문을 쓰는 이는 위 3단계로 쓴다 하더라도 양이 많지 않을 수 있다. 3단계의 구성법을 따르며 할 이야기를 조금씩 늘려가면 좋은 감상문을 완성할 수 있을 것이다.

2) 영화 감상문

다르덴 형제의 영화 「자전거를 탄 소년」에서 아버지로부터 버림 받은 소년이 위탁모가 운영하는 미용실에 와서는 수도꼭지를 잠그지 않고 틀어놓은 물에 손을 갖다 대고 있는 모습, 물을 잠그라는 말에도 아랑곳없이 계속 물을 틀어놓는 모습이 나에겐 '통'으로 다가왔다. 영화를 보고 난 후에도 한참 동안 그 장면이 생각이 났다. 그리고 그것에 대해 계속 생각했다. 흐르는 물, 멈추지 않는 물, 수도꼭지에서 흘러나와 쉼 없이 흐르는 물에 손을 계속 가져다대고 관심을 가지는 소년. 위탁모가 물을 잠그라고 해도 전혀 말을 듣지 않고 손 위로 물을 틀어 계속 흘려보내는 소년의 모습.

이 모습은 무엇을 나타내는 것일까? 소년이 멈춰 있는 것이 아닌 흐르는 것에 관심을 가시는 것은 소년의 마음 상태를 나타내는 것은 아닐까? 영화의 많은 장면들이 등장인물의 심리를 나타내는 것의 보조적 역할을 한다면 흐르는 물에서 심리적 안정감을 가지는 소년을 보면 소년 자신의 심리 상태가 차분함을 지향하고 있지 않음을 알 수 있다.

이런 식으로 자신이 느끼는 '통'에서 이야기를 시작하고 그것을 끊임없이 탐구할 필요가 있다. 감상문은 대상 텍스트의 이야기를 하는 것이 아니라 결국 자신의 이야기를 하는 것이다. 필자는 어린 시절 집에 가면 보지도 않을 것이면서 먼저 텔레비전을 켜는 습관이 있었다. 그 버릇이 최근에는 혼자 있을 때면 음악을 틀어 놓거나 유튜브 쇼츠를 무심히 바라보는 습관으로 이어졌다. 이러한 나의 습관이 그 장면을 이해하는 데 도움이 되었다.

영화의 내용에 대하여 고민하고 있는 차에 그것에 대한 글이나 영상물을 보게 되면 고민하던 내용에 대한 답을 빨리 잡아낼 수 있다. 아는 만큼 보인다고 고민하지 않은 채로 어떤 글이나 영상물을 보았을 때 그 내용은 거의 나에게 무의미하게 다가온다. 고민하면서 보는 영상물의 내용은 의미를 가지고 다가온다. 의미있게 다가온 내용은 그 아이디어는 비록 바깥에서 들어온 것이긴 하지만 내 안에서 끊임없이 변주되어 재생산되는 것이다.

쓰는 글이 문학 감상문이든, 영화 감상문이든 그 텍스트의 이야기를 하는 것이 아니라 결국은 자신의 이야기를 하는 것이다. 텍스트의 이야기만 하고 나의 이야기는 전혀 하지 않는 것은 감상문이 아니다. 감상문은 텍스트를 매개로 결국은 나의 이야기를 하는 것이기 때문에 텍스트에서 느끼는 자신의 '거슬림', '그냥 지나가지 못함'에 주목할 필요가 있다.

문학 작품이나 영화를 보고 감동을 받았다면, 쉬운 말로 아주 '좋았다면' 그 감동을, 좋음을 글로 쓰면 된다. 그런데 감동은 시간이 지나가버리면 그 느낌이 희미

해질 수 있으므로 그 느낌을 한 편의 완벽한 글로 쓰지 않더라도 간단하게나마 바로 메모할 필요가 있다. 메모를 하다 보면, 짧게라도 문장을 쓰다 보면 감동의 이유가 추가적으로 발견되기도 하고 그 근거가 발견되기도 한다. 그렇게 된다면 그런 내용을 추가적으로 메모하거나 글로 쓰면 된다.

3) 영화 리터러시

최근에 영화란 하나의 텍스트로 완전히 자리 잡았다고 볼 수 있다. 읽고 쓸 줄 아는 능력을 나타내는 단어인 리터러시와 결합하여 '영화 리터러시'란 단어가 많이 쓰이는 것을 보면 더욱 그렇다는 것을 알 수 있다.

영화 리터러시란 말이 가능해진 것은 영화 보기에 대한 환경이 전과는 많이 달라졌기 때문이다. 과거에는 영화를 극장에 가서만 볼 수 있었다. 영화를 보는 정해진 공간과 시간이 있었다. 그러나 지금은 그렇지 않다. OTT를 통해 어느 때고, 어디서나 볼 수 있다. OTT는 마치 영화의 전자 도서관과 같다.

하나의 주제에 관한 여러 영화가 있을 수 있다. 이런 영화들을 선택하여 보고 이것을 하나의 주제로 영화 감상문을 쓸 수 있다. 유대인 학살자인 '아돌프 아이히만'에 관한 영화가 여럿 있는데 이것을 예로 들어보자.

실존 인물 '아돌프 아이히만'은 제2차 세계대전 때 독일군 장교로서 유대인을 효율적으로 죽이는데 일조한 사람이다. 그 수가 600만 명에 달한다고 한다. 아이히만은 전쟁이 끝난 후 아르헨티나로 숨어들었다. 이스라엘의 비밀경찰인 모사드가 추적하여 당시 아르헨티나인으로 법적인 신분을 가지고 있던 아이히만을 이스라엘로 비밀리에 데리고 온다. 그리고 재판을 받게 하고 끝내 사형을 집행한다.

이스라엘에서 아이히만의 재판이 진행되던 동안 '한나 아렌트'는 미국에서 정치철학 교수로 있었다. 독일 하노버에서 태어난 유대인 한나 아렌트는 1933년 프랑스로 망명 후 수용소에 갇혔다가 탈출하여 1941년 미국으로 망명하였다. 아렌트는 재판을 보기 위해 이스라엘로 날아갔고 재판을 본 뒤 그 유명한 『예루살렘의 아이히만』을 저술하였다.

여기서 '악의 평범성' 개념을 제시하였다. '악의 평범성'이란 간단히 말하여 유대인을 600만 명이나 죽인 아이히만은 극히 평범한 사람이었다는 것이고 이렇게 극히 평범한 사람이 생각하지 않는 삶을 살면 아이히만처럼 많은 사람을 죽일 수 있다는 것이다.

아이히만에 관한 영화는 「오퍼레이션 피날레」, 「아이히만 쇼」, 「한나 아렌트」, 「집념의 검사 프리츠 바우어」 등이 있다.[9] 이에 영화 「더 리더 책 읽어주는 남자」도 추가로 볼 수 있다. 한나 아렌트의 저서 『예루살렘의 아이히만』까지 읽고 이에 관한 한 편의 글을 쓰게 된다면 한 편의 영화 리터러시가 완성되는 것이다. 다른 주제에 대해서도 이런 작업이 충분히 가능할 것이라고 본다.

---

[9] 4편의 영화가 모두 '아돌프 아이히만'과 관련된 영화이다. 「오퍼레이션 피날레」는 이스라엘의 비밀경찰 모사드가 아르헨티나로 숨어 들어간 아이히만을 추적, 찾아내어 이스라엘로 데려오는 과정을 영화화했다. 일제 강점기를 경험한 우리의 시각으로는 이해하기 힘든 부분도 있어서 오히려 재미있다. 「아이히만 쇼」는 이스라엘로 데려온 아이히만의 재판 과정을 전 세계에 방송, 송출하는 내용을 담고 있다. 방송을 준비하였던 주체의 입장에서는 그의 재판이 절대 쇼가 되어서는 안 된다며 여러 고심을 하였는데 이런 부분이 영화에 잘 드러났다. 「한나 아렌트」는 미국의 정치 철학자이며 교수였던 한나 아렌트가 이스라엘로 날아가 아이히만의 재판을 방청하고 그것에 대하여 기록을 남기는 과정을 영화로 담았다. 여기에서 그 유명한 '악의 평범성'이 나온다. 아이히만은 매우 악한 인물이아니라 매우 평범한 인물이었다는 것이다. 단지 생각하지 않을 뿐이었다는 것이다. 「집념의 검사 프리츠 바우어」는 영상을 구하지 못해 보지 못하였다.

CH 5.
기행문 쓰기

　과거, 구체적으로 40~50여 년 전 우리네 삶과 지금의 삶의 가장 큰 차이점에는 무엇이 있을까? 급속한 사회 발전을 이룬 한국 사회에서 과거와 현대의 차이점은 적지 않을 것이다. 적지 않은 차이점 중에서도 필자는 여행을 꼽고 싶다. 전에는 해외여행은 둘째 치고 국내 여행도 많이 다니지 않았다. 그런데 지금은 연휴만 되면 공항과 버스터미널 그리고 고속도로가 미어터질 정도로 여행을 많이 다닌다. 집집마다 차를 모두 가지고 있어서 여행가는 것도 어렵지 않게 되었다.

　필자가 어릴 때에는 학교에서 기행문을 숙제로 내주는 일이 극히 드물었다. 왜냐하면 여행 자체를 다니지 않기에 여행하면서 보고 듣고 느낀 점을 쓰는 글은 처음부터 쓸 수 없었기 때문이다. 그러나 지금은 초등학교 교실에서도 기행문 쓰기를 자주 한다. 거기에 모두 하나씩 가지고 있는 휴대 전화로 찍은 사진까지 곁들이면 한 편의 멋진 글이 완성되는 것이다. (사진을 인화할 필요도 전혀 없다.)

　필자는 여행을 할 때 블로그에 바로바로 글을 써서 올리기도 한다. 식사할 때 음식이 나오기를 기다리며, 차로 이동할 때, 틈날 때마다 간단하게 글을 쓴다. 사진도 올린다. 그러다 보면 계속 여행하는 중에 느끼는 점들이 머릿속에서 하나의 문장으로 지나갈 때가 있다. 여행의 과정을 여행과 동시에 글로 옮기면 여행하는 매 순간 나의 여행의 과정이 문장이 되어 나타난다는 뜻이다. 그러면 휴대 전화에 바로 메모를 한다. 그리고 틈이 날 때 이것을 정리하여 블로그에 올린다. 그리고 여행이 끝나고 난 후 글을 처음부터 다시 읽으면서 어색한 문장들을 고친다. 사진이 부족하면 사진도 보충하여 올린다. 그러면 한 편의 기행문이 완성되는 것이다.[10]

---

[10] 여행을 제대로 만끽할 수 없다고 말하면서 필자가 제시하는 방법에 반대하는 이도 있을 수 있다. 이럴 경우에는 여행 중에 느끼는 감정을 간단하게 메모한 후 여행 후 시간을 마련하여 한 편의 글을 써도 좋다.

기행문 3요소는 다음과 같다.
- **여정**: 여행하는 과정
- **견문**: 여행하면서 보고 들은 점
- **감상**: 여행하면서 느낀 점

기행문을 쓸 때 필자가 강조하는 것은 떠나기 전의 과정이다. 특히 출발하기 전의 설렘을 표현하는 것을 중요시한다. 그리고 여행하는 지역에서 느끼는 특징을 쓰려고 한다. 지방색, 객창감[11]이라고 하기도 하는데 이것을 잘 표현하면 좋은 기행문이 될 수 있다.

우리나라에서 모범이 될 만한 기행문 도서는 유홍준의 『나의 문화유산답사기』와 김훈의 『자전거여행』을 대표적으로 꼽을 수 있다. 이 외에도 많은 이들이 세계 각지를 여행하면서 쓴 좋은 글들이 아주 많다. 여러분의 취향에 맞는 책을 찾아 읽고 직접 기행문을 써 보면 좋겠다. 기행문을 써야겠다는 마음가짐을 가지고 책을 읽으면 전과는 달리 더욱 재미있게 읽을 수 있을 것이다.

여기에서 '블로그에 글쓰기'와 연계하여 실제 필자가 블로그에 쓴 기행문과 학생의 기행문 한 편을 소개한다.

> **제주 여행 0**
>
> 참으로 오랜만의 여행이다. 코로나 이후 첫 여행이니 5년여만의 여행인 것 같다. 제주 여행을 하며 실시간으로 기행문을 쓰고자 한다.
>
> 여행은 출발하면서 곧 완성된다. 출발이 곧 완성이라니, 여행은 떠나기 전의 설렘이 가장 재미진다. 그런데 바쁜 일상 속이다 보니 여행 전날까지도 일에 치인다. 설렘을 느낄 여유가 없으니 많이 아쉽다. 여행 전날 밤 10시가 되어서야 짐을 싼다. 원래 짐을 싸는 일도 무척 흥미있는 일인데 몸이 피곤하니 흥미가 반으로 준다.
>
> 특히 이번 여행에는 고3인 아들이 빠져서 더욱 그렇다. 아들은 1학기에는 등하교를 했는

---

[11] 지방색: 어떤 지방의 자연이나 풍속, 인정 따위가 갖는 고유한 특색.
객창감: 나그네가 느끼는 쓸쓸한 정서. 또는 여행하면서 느끼는 낯선 감정이나 집에 대한 그리움.

데 몸이 피곤하다고 하여 여름방학부터 기숙사에 입사했다. 기숙사에 들어가게 되자 아내가 제주도 여행을 계획했다. 아내 입장에서도 오랜 기간 여행을 하지 못해 여행을 고대하던 터였다. 결혼 후 한 번도 쉬지 않고 직장 생활을 계속했던 아내이다. 아내에게도 충전의 시간이 필요해 보이긴 하다.

아들은 수학여행 일정이 코로나 끝에 걸쳐 있었다. 다른 학교들은 수학여행을 갔는데 아들은 가지 못했다. 학교에서 수학여행을 가지 않기로 일찍 방침을 정했다. 당시 나는 학교의 결정이 성급하다는 생각이 들었다. 그래서 학교에 전화도 해볼까 했는데 아들이 그런 것을 무척 싫어하기 때문에 하지 못했다. 아들이 다니고 있는 학교는 내가 졸업한 학교이다. 아들이 수학여행을 갔다 왔으면 이번 여행이 덜 미안할 텐데 그렇지 않아 여러모로 미안하고 아쉽다.

"실화냐? 아빠랑 엄마랑 누나랑 우리 가족은 나빼고 제주도 여행갔어. 말이 되냐?"

아마 아들은 기숙사에서 친구들에게 이렇게 말할 것이다.

10시가 넘어서 지친 몸으로 짐을 싼다. 아내와 딸은 내일 어디에 갈 것이냐고 묻는다. 낸들 아나? 내일 일정을 알아야 코디를 준비한다고 한다. 아내와 딸의 이야기를 들으며 난 글을 쓴다. 피곤한 채로. 일단 내일은 딸이 정한 방향으로 가야할 것 같다. 아침형 인간인 나는 지금 피곤하다. 그러나 아내와 딸은 저녁형 인간이어서 지금 아주 쌩쌩하다.

아, 몸이 처진다.

제주 여행 1

공항에 도착했다. 저녁형 인간형인 아내와 딸이 왜 12시 50분 비행기를 끊었냐고 뭐라 한다. 두 분을 위해서 그런 거라고 하니 여행갈 때는 빨리 일어날 수 있다고 하면서 12시 50분 비행기가 좀 늦다고 아쉬워한다. 오는 비행기도 4시대 비행기인데 그것도 빠르다고 한다. 언제일지는 모르겠지만 다음에는 첫 비행기로 갔다가 마지막 비행기로 와야겠다. 살다보니 이런 날도 오는구나!

공항까지 딸아이가 운전했다. 여전히 초보운전 딱지를 붙이고 다닌다. 고속도로는 처음 운전이다. 아주 편안하고 안전하게 잘 왔다. 아기였던 아이가 이렇게 커서 그 아이가 운전하는 차를 타고 오니 감개가 무량하다.

공항의 에어컨 바람을 맞으니 아내가 카디건을 챙기지 못했다고 아쉬워한다. 출발은 챙기지 못한 것이 무엇인지 확인하는 과정이기도 하다. 공항에 도착해서 표를 받아보니 비상구 좌석이다. 출발 1시간 10분전에 왔더니 연속 세 자리는 없다고 한다. 다른 사람들은 부지

런하다. 탑승 수속을 하는데 바이오 등록이라는 게 있다. 코로나 전에 여행할 때는 못 봤던 것 같은데. 정맥을 등록해 놓으면 신분증 없이도 탑승 가능한 것이라고 한다. 나중에 해야겠다.

    이미 10분이 지연됐었는데 또 지연이 된다고 한다. 시간은 안내하지도 않는다. 비행기는 이게 좋지 않다. 기다리는 시간이 너무 많다. 예전 베이징에서는 기내에서 3시간 40분을 대기한 적이 있었다. 10분만 더 지났다면 우리는 이륙 활주로에서 대기 활주로로 돌아가야 했다. 10분을 남겨두고 이륙 허가가 떨어진 거였다. 덕분에 영화를 2편이나 보았다.

딸아이가 운전하니 연비가 18.8까지 나온다.

제주 여행 1-1

    지연된 비행기를 타고 제주도에 도착했다. 점심때가 애매했다. 배가 고파서 공항에서 잠시 머무르지도 않고 서둘러서 렌트카 회사에 갔다. 차를 빌리자마자 도도리 국수를 먹으러 갔다. 역시 금강산도 식후경이다. 점심을 먹고 나니 안정이 된다. 늦은 점심을 먹고 한담 해안 산책로를 목적지로 정하고 해안도로를 천천히 운전해갔다. 날씨가 좋아 차 안에서 바다를 바라보는 것만으로도 괜찮았다.

국수 보쌈 전복 양이 많지 않아서 오히려 좋았다.

제주 여행 1-2

여행의 묘미는 낯선 사람과의 만남이다. 외국인이 있기에 말을 붙여보았다. 독일에서 여행 온 처자들이라고 한다. 고등학교때 독일어를 배우긴 했었는데 거의 잊어버려서 말할 수 있는 단어가 몇 개 없었다. 영어도 짧아 대화를 길게 하진 못했다. 독일의 대학교에서 한국어를 배웠다고 한다. 헤어질 땐 당케danke라고 말했다.

제주 여행 2

　제주답사 일번지는 어디일까? 조천읍과 구좌읍이 제주의 본래 모습이 아직도 많이 남아 있다고 한다. 조천읍 연북정으로 향한다. 과거 귀향 왔을 때 북쪽을 바라보며 임금을 그리워 하던 곳이었다.

　이곳 연북정에서 정호승의 시 '연북정'을 읽어보며 누군가를 그리워하는 그 마음을 헤아려볼 수 있다.

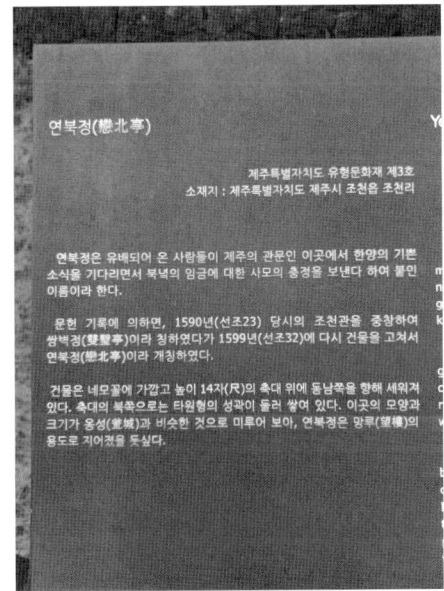

연북정 너머 북쪽 수평선이 보인다.

제주 여행 3 - 지역 맛집

"먹을 수 있어서 좋구나!"

영화 명량에서 모든 전투가 끝나고 한 병사가 건네준 토란을 먹고 이순신이 한 대사이다. 먹는 것은 중요하다. 여행에서는 특히나.

여행에서는 그 지방의 음식을 먹고 싶어 한다. 한 가지 욕심, '맛있게'라는 욕망을 담아서 먹고 싶어 한다. 그러나 그것은 쉽지 않다. 타지이기 때문에 음식이 입에 안 맞을 가능성이 높다.

여행지에서 관광객을 위한 식당이 아닌, 지역 식당에서 맛있는 음식을 먹을 수 있다면 행운이다. 이번 여행에서는 운 좋게도 이런 곳을 두 군데나 갔다.

스모키버거가 그 중 하나. 다른 곳에서는 맛볼 수 없는 맛 그 자체이다! 햄버거를 먹으면서 다른 곳에서 맛볼 수 없다는 뜻은 무엇일까?

기존 유명 브랜드의 햄버거 맛이 아니란 뜻이다. 이곳의 햄버거는 빵, 패티, 야채 기타 등등 모든 것을 주인장이 직접 만든다고 한다. 그러기 때문에 다른 곳에서는 맛볼 수 없는 것이다.

다른 한 곳은 해피치즈스마일이다.

둘째 날 저녁 식사로 무엇을 먹을까 고심했다. 딸아이가 떡볶이를 먹고 싶어 했다. 시간이 늦어서 몇 식당에서는 식사를 할 수 없었다. 떡볶이를 먹을 수 있는 곳은 대체로 늦게까지 문을 열지 않았다. 해피치즈스마일은 9시에 문을 닫는다고 해서 다행히 먹을 수 있었다. 여행을 하다 보면 여러 이유로, 즉 시간 계획을 잘 못 짠다거나, 교통 사정을 잘 몰라서 시간이 지연 된다거나 하는 등의 이유로 끼니 시간을 못 맞출 때가 있다. 이럴 땐 늦게까지 하는 식당이 고맙다.

기대 없이 들어간 식당에서 딸아이가 한참이나 메뉴판을 독서했다. 그리고 세트 A를 선택했다. 이에 나는 고구마튀김을 추가했다. 늦은 저녁이어서 먹는 것에 온통 관심이 쏠려서 음식 사진은 한 장만 찍었다. 아쉽다.

음식은 모두 아주 맛있었다. 아무 곳이나 빨리 선택하지 않고 고심해서 찾은 보람이 있었다. 여러 식당이 문을 닫는다고 해서 이곳에서 먹은 것이긴 하지만 말이다.

여행에서 돌아오고 나서 나의 글에 모순이 있음을 발견했다. 지역 맛집이라고 했는데 해피치즈스마일은 체인점인 것을 알게 되었다. 필자는 이날 해피치즈스마일을 처음 들었다. 딸아이도 체인점에 대해서 전혀 이야기를 하지 않았다. 이 모순을 어찌해야 할지!

역시 삶은 모순 투성이이다!

스모키 버거는 버거가 연기에 휩싸여 있다는 뜻이다. 블로그에서는 동영상으로 이 모습을 보여준다.

이렇게 해서 블로그에 있는 필자의 기행문은 끝이 난다. 뒤에 4·3항쟁 기념관에 간 이야기도 쓰고 여행의 마무리 이야기도 써서 끝내려고 했지만 그것은 결국 쓰지 못해 위와 같이 미완성으로 남았다. 그래도 상관없다고 생각한다. 공모전에 내는 작품이 아니기 때문에 이 정도로만 써도 무방하다. 이런 식으로 기행문을 씀으로 해서 자신의 글쓰기 필력을 쌓아 가면 되는 것이다.

아름다운 문화의 도시, 홍콩

손유진

홍콩, 금융의 중심지이며 쇼핑의 도시라 불리고 있으며 세계에서 가장 높은 마천루들로 이루어진 도시이다. 나는 홍콩에 대해서 인터넷 매체나 수업 등을 통해서밖에 접해보지 못했었다. 하지만 이번 2024년 2월 방학 중에 갈 기회가 생기게 되어서 친언니와 함께 홍콩으로 3박4일 여행을 다녀오게 되었다. 우리는 홍콩의 로컬 식당과 관광지를 가보기 위해, 짧은 여행 기간을 알차게 쓰기 위해 이동 경로와 소요시간을 구체적으로 계획하였다. 우리는 익산에서 인천국제공항까지 가야 했기 때문에 8시 비행기지만 2시에 공항으로 가는 버스를 타야 했다. 출입국 수속은 빠르게 진행됐지만 혹시나 모를 상황을 대비해서 공항에 2시간 전에 도착했다. 지루한 기다림의 시간을 보내고 드디어 비행기를 타게 됐다. 너무 오랜만에 타는 비행기여서 솔직히 조금 떨렸다.

드디어 고대하던 홍콩에 도착했는데 도착하자마자 너무 더워서 깜짝 놀랐다. 홍콩은 2월인데도 불구하고 온도가 20도가 넘었다. 우리는 홍콩섬 쪽에 '완챠이'라는 도시에서 숙소를 잡고 움직였다. 홍콩은 서울시의 1.5배 정도의 작은 도시로 토지 대부분이 높은 산이어서 사실상 갈 수 있는 영역이 좁아서 꼭 중심지로 숙소를 잡지 않았어도 충분했다. 홍콩은 중국의 광저우시에 붙어있는 구룡반도와 섬으로 떨어져 있는 홍콩반도로 나뉜다. 홍콩의 공항은 홍콩의 섬들 중에서 첵랍콕섬에 있어서 도시로 가려면 MTR 공항선 즉 공항철도 AEL을 타고 홍콩의 도심인 홍콩역으로 갔다. 한번 타는데 한화로는 약 17,400원 정도하고 가는 데는 20분 정도 걸렸다. 홍콩에서는 HKD라는 홍콩 달러를 쓰는데 처음에는 환율이 어려웠지만 점점 쓰다 보니 홍콩의 물가가 한국의 서울 물가와 엇비슷해서 크게 어렵진 않았다. 우리는 체크인을 하고 바로 구룡반도쪽의 침사추이라는 곳으로 갔다.

　　홍콩섬과 구룡반도는 지하철로 연결이 되어 있었지만, 페리를 타고 건너갈 수 있었다. 우리는 지하철보다 자주 애용했는데 홍콩은 좁은 땅에 비해서 인구가 너무 많아서 지하철은 항상 사람이 붐비다 보니 너무 힘들었는데 페리는 6-12분 정도의 배차 시간을 가지고 있고 6.5HKD로 1,135원 정도 해서 가격도 지하철과 크게 다르지 않았다. 10분 정도의 짧은 시간이 걸리는 데 바다 위를 유유자적하게 횡단을 해서 그런지 지하철처럼 답답하지 않고 상쾌했었다. 홍콩은 얼마 전까지도 영국의 통치를 오랜 기간 받아온 나라이다 보니 문화적으로 신기한 것들이 정말 많았다. 홍콩은 자국의 언어인 광둥어와 여러 나라 사람들과 함께 살아가기 때문에 영어를 거의 혼용해서 사용한다. 홍콩은 초등교육을 할 적에 광둥어와 영어를 함께 배운다고 한다. 그래서 그런지 길가에 작은 만둣집 아주머니와 나이가 많으신 편의점 사장님들도 능숙하게 영어를 하시는 것을 보고 놀랐었다. 홍콩은 사람이 살 수 있는 토지가 작은 거에 비해 인구수가 너무 많은 탓에 교통이 늘 혼잡했지만, 신기한 이동 수단이 많았다. 트램이 있어서 트램 레일이 차도에 따로 있고 버스들은 대부분 이층 버스들로 이루어져 있었다. 정말 많은 음식들을 먹고 왔는데 그중에서도 홍콩의 국민 국수라 불리는 '완탕면'을 먹었었는데 내 입맛에는 맞지 않았지만 색다른 맛에 기억이 많이 남는다. 우리나라의 재첩국 같은 맛이 살짝 났었고 면의 식감이 쫄깃쫄깃 했는데 살짝 고무줄을 먹는 식감이였다. 홍콩 여행 갔다 오면 꼭 사온다는 '제니 베이커리'도 갔는데 홍콩의 딱 두 군데 있는데 우리는 숙소에서 가까운 지점으로 갔다. 10시에 오픈이래서 30분 정도 일찍 갔지만 이미 줄이 가게가 안 보일 정도로 나와 있어서 깜짝 놀랐다. 우리는 2시간 30분을 기다린 끝에 과자를 살 수 있었다. 솔직히 기다릴 때까지만 해도 고작 과자 사는데 줄을 이 정도로 선다는 것은 좀 아니라고 생각했지만 한국으로 돌아와서 과자를 한 입 먹어보고는 다음에 또 홍콩에 간다면 캐리어에 대부분을 제니 베이커리로 채워 오리라 다짐했다.

홍콩의 유명한 벽화 거리인 '소호 벽화 거리'가 있다 해서 찾아갔다. 홍콩은 대부분의 토지가 산으로 되어있다 보니 사람들이 살고 있는 중심지를 아주 살짝만 벗어나면 언덕이 많아지고 경사가 높은 곳이 많았다. 그 벽화 거리도 경사가 점점 높아지는 지형이라 그런지 에스컬레이터로 연결이 되어있었다. 처음에는 길 한복판에 에스컬레이터가 설치되어 있어서 이해를 못하고 그냥 걸어갔지만 5분 만에 이해할 수 있었다. 우리는 벽화 거리라고 불릴 만큼 벽화를 보지 못 해서 '왜 이렇게까지 유명한 거지?' 하고 생각했었는데 알고 보니 우리가 잘못 들어서 많이 못 봤던 거였다. 또 하루는 야경이 멋있는 전망대가 있대서 찾아봤는데 피크트램이라는 것을 타고 올라갔다. 사람이 엄청 많았고 그래서 올라 갈 땐 서서 갔는데 정말 잘 잡고 있지 않으면 굴러버리지 않을까 하는 생각이 들 정도로 경사가 심했다.

나는 이번 홍콩 여행을 통해 많은 것을 보고 느꼈다. 아주 어렸을 때 중국을 여행해 본 기억이 있는데 아무리 가까운 곳에 있다 하더라도 역사적으로 많이, 다른 시간을 보내온 나라들이여서 그런지 모든 것들이 달랐다. 아직 우리나라에서도 모든 곳을 여행해 보지는 못 했지만 가끔 모든 것들이 낯선 외국으로 떠나서 새로운 경험을 해 보는 것도 괜찮은 것 같다고 생각한다.

여러모로 훌륭한 기행문이다. 여행의 과정을 출발 전 내용부터 시간 순서대로 잘 표현하였으며 홍콩에서의 여정도 잘 표현하였다. 여정 사이마다 감상을 적절히 잘 표현하였다. 특히 '제니 베이커리'에 대한 감상이 인상적이다.

CH 6.
설명문 / 논설문 쓰기

 필자는 일반적인 회사생활을 해보지 않았다. 그래서 회사의 일반적인 보고서나 기획안에 대하여 잘 알지 못한다. 그래도 어떤 일을 치른 후 사후 보고서를 쓴 적은 몇 번 있다. 그런 보고서를 쓸 때마다 상당한 시간이 소진되었다. 아마 그런 보고서 쓰기는 설명문이나 논설문 쓰기에 해당할 것이다.

 현대인의 개인 일상을 소재로 설명문이나 논설문을 쓰기는 쉽지 않다. 현대인의 일상이 설명문이나 논설문에 어울리지 않거니와 평소 그러한 글을 써보지 않아서 양식이나 형식에 익숙하지 않기 때문일 수도 있다. 그렇다고 해서 설명문·논설문 쓰기를 원천적으로 배제해서는 안 된다. 설명문·논설문 쓰기는 그 나름의 글쓰기 실력 향상에 효용 가치가 있기 때문이다.

 따라서 설명문과 논설문을 찾아서 써 볼 필요가 있다. 또한 글자 수가 정해진 글쓰기를 하는 것은 글쓰기 능력을 향상시키는 데에 도움이 된다. 그래서 필자는 외국인 유학생의 한국어 능력을 검증하는 한국어 능력 시험의 쓰기 문제를 설명문, 논설문 쓰기에 활용한다. 한국어 능력 시험의 쓰기 기출 문제를 글자 수를 늘려 한국 학생에게 제시한다. 위 문제를 푸는 과정에서 쓸 내용을 마련하는 것, 즉 내용 생성하기가 중요하게 작동한다. 이러한 점을 포함하여 글쓰기 능력을 확인하고 또한 향상시키는 데에 상당한 도움이 된다.

- **설명문**: 독자의 이해를 목적으로 쓴 글
- **논설문**: 독자의 설득을 목적으로 쓴 글

 한국어 능력 시험에 출제되었던 문제를 소개하려고 한다. 이 문제의 답안을 원고지에 직접 써보자. 원고지는 한 줄이 20자로 정해져 있기 때문에 자신이 쓰는 글자 수가 몇 글자인지 바로 확인이 가능하다. 원고지에 글을 쓰면서 이미 배웠던 내용을 확인할 수 있다.

1. 내용 생성하기
2. 단문쓰기
3. 균형 있는 문단 쓰기

위 3가지 요소를 중점 점검 요소로 생각하며 글쓰기를 해보자.

> **문제1. 다음을 참고하여 900~1000자로 글을 쓰시오.**
>
> 　현대 사회에서 기업과 같은 상품 공급자는 자신들의 상품을 팔기 위해 다양한 광고를 한다. 그런데 광고가 상품의 성능을 지나치게 과장하여 표현하거나 없는 성능을 있는 것처럼 허위로 표현하는 경우가 있다. 이에 소비자는 광고를 볼 때 비판적인 시각으로 볼 필요가 있다. 아래의 내용을 중심으로 허위 과장 광고에 대해 자신의 의견을 쓰라.
>
> - 허위 과장 광고가 생겨나는 배경은 무엇인가?
> - 허위 과장 광고의 문제점은 무엇인가?
> - 허위 과장 광고에 대한 소비자의 적절한 대응 방안은 무엇인가?

> **문제2. 다음을 참고하여 900~1000자로 글을 쓰시오.**
>
> 　요즘은 아이가 학교에 들어가기 전 어릴 때부터 악기나 외국어 등 여러가지를 교육하는 경우가 많다. 이러한 조기 교육은 좋은 점도 있지만 문제점도 있다. 아래의 내용을 중심으로 '조기 교육의 장점과 문제점'에 대해 자신의 의견을 쓰라.
>
> - 조기 교육의 장점은 무엇인가?
> - 조기 교육의 문제점은 무엇인가?
> - 조기 교육에 찬성하는가, 반대하는가? 근거를 들어 자신의 의견을 쓰라.

위 문제들은 3개의 소질문으로 이루어져 있다. 우리는 3개의 문단으로 나누어 글을 써야 함을 바로 알 수 있다. 균형 있는 문단 쓰기를 바로 연습할 수 있다. 또 글을 쓰기 전 5~10분의 시간 동안 내용 생성하기를 해보자. 인공 지능이나 인터넷 검색은 최대한 자제하고 직접 자신의 두뇌를 활용하여 내용을 생성해보자.

문제1에 대한 내용 생성하기를 보자.

---

1. 허위 과장 광고가 생겨나는 배경
   ① 서론 - 허위 과장 광고의 정의
   ② 기업 간의 경쟁
   ③ (과도한 / 많은) 이익 추구

2. 허위 과장 광고의 문제점
   ① 소비자들에게 손해를 줌.
   ② 과소비 조장 (과소비를 하게 한다)
   ③ 기업에 부정적인 영향을 줌 → 경제에 좋지 않음.

3. 허위 과장 광고에 대한 소비자의 적절한 대응 방안
   ① 소비자가 비판적으로 접근.
   ② 소비자 유혹 문구를 잘 살펴봐야 함.
   ③ 상품의 정보를 따져 봄.

5~10분을 들여 위와 같이 내용을 생성한 다음 단문쓰기, 문단의 균형성 등을 염두에 두며 글을 써보자. 문제2의 내용 생성하기는 여러분이 직접 해보도록 하자. 그리고 원고지에 직접 글을 써 보자.

CH 7.
일기 / 편지 쓰기

　과거에 비해 현재는 일기와 편지의 효용성이 많이 줄어들었다. 초등학교에서도 일기 쓰기를 전처럼 강조하지 않는 듯하다. 그리고 각종 SNS를 통하여 개인의 근황을 올리고 또 그것을 통하여 다른 이들의 안부를 쉽게 알 수 있다. 문자 메시지도 자주 주고받으니 편지 쓰기도 과거처럼 많이 하지 않는다.

　그렇다 하더라도 글쓰기를 시작하는 초보자 입장에서 가장 쉽게 접근할 수 있는 것이 일기와 편지 쓰기이다. 일기는 자신에게 건네는 대화인 셈이다. 자신의 일과를 적는 것이다. 그런데 자신의 일과를 단순히 나열하는 식으로 쓰는 것보다는 한 가지 일에 대해 자세하게 쓰는 것을 추천한다. 그 일의 시작과 끝은 어떠하며, 그 일이 나의 생활에 주는 의미는 무엇인가 등을 생각하며 일기를 써 보는 것을 권한다.

　특정한 목적을 둔 일기를 써 보는 것도 좋다. 실제 필자는 첫 아이에 대한 육아 일기를 1년 동안 썼다. 첫 아이가 태어나서 돌이 될 때까지 시기적으로 필자는 글쓰기 규칙을 잘 몰랐으며 글쓰기 수준도 낮았다. 하지만 아이를 키우고 그 기쁨을 표현하는 것이 즐거워서 마냥 썼다. 여러분 입장에서는 학습 일기, 동아리 생활 일기 등을 쓸 수 있을 것이다. (부록 '[일기] 육아 일기' 참조)

　현대 사회에서 편지를 쓴다는 것은 왠지 쑥스러운 일이다. 그런데 편지를 받은 사람은 매우 기분이 좋다. 최근에는 편지를 주고받는 일이 거의 없으므로 더욱 그러할 것이다. 가족이나 친구에게 특별한 메시지를 전달할 수도 있겠지만 일상에서의 느낌을 진솔하게 편지글로 써 보자. 받는 사람이 상당히 좋아할 것이다.

　과거와 달리 현재는 자신의 일상을 전할 수 있는 수단이 많이 있어서 자신의 단순한 일상을 알리거나 중요한 용건을 전달하기 위해 편지를 활용하는 것이 현재에서는 어색할 수 있다. 그렇다면 현재 편지의 효용은 무엇일까?

자신의 진솔한 마음을 특정한 대상에게 전달하는 데 편지를 이용하는 것은 어떨까? 현대 사회의 정서가 메마르고 있다고 하는데 편지 쓰기를 통하여 정서를 풍요롭게 해보자. 편지 쓰기 공모전도 있다.

다음은 올해 초 필자가 은사님에게 보낸 편지를 적절히 가공하여 편지 쓰기 공모전에 응모한 편지 내용이다.

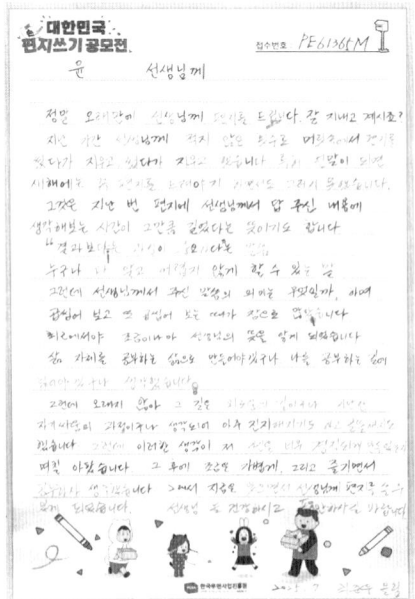

가공 전 본래의 편지에 은사님께서는 답장을 주셨는데 답장의 첫머리만 소개하면 다음과 같다.

> 최 군에게
>
> 편지를 받고 기쁘고 고마운 마음에 바로 편지한다고 한 게 이렇게 늦었네. 다시 한 번 따뜻한 마음 담은 편지 고마워.

은사님의 답장을 소개하는 이유는 통신이 매우 발달한 지금, 편지의 쓸모에 대해 재차 이야기하고자 한 것이다. 진솔한 마음[12]을 전달하는 데 편지의 가치가 충분하다. 편지를 통해 여러분의 마음을 전달해 보자.

---

[12] 수필 편에서 소피아에 대해 소개한 글이 있다. 2024년 홈스테이를 했던 미국 소녀 소피아가 2025년 7월 우리집을 방문하여 3일 동안 머무르다 갔다. 그가 돌아가는 날 그를 배웅하고 집에 돌아와 보니 책상 위에 한 편의 편지가 있었다. 그 편지에서 소피아의 진심 어린 마음을 읽을 수 있었다. 그 편지를 소개한다. (부록 '[편지글] Sophia의 편지' 참조)

CH 8.
블로그에 글쓰기

블로그에 글을 쓰는 것은 꽤나 많은 장점을 가지고 있다. 그 장점은 대체로 블로그에서는 많은 것들을 연습할 수 있는 점과 관련이 있다.

첫 번째로 꼽을 수 있는 장점은 블로그에 글을 쓰는 것은 공개적인 글쓰기라는 점이다. 곧 용기가 필요하다는 것이다. 우리의 삶은 많은 순간 용기를 필요로 한다. 블로그에 글을 쓸 때마다, 특히 은밀한 사적인 이야기를 꺼낼 때마다 '용기 내는 것'을 연습할 수 있다. 글쓰기의 핵심이 자신의 진솔한 감정을 솔직하게 드러내는 것이라고 한다면 블로그에서는 이것을 무한히 실현할 수 있다.

공개적인 글쓰기의 의미에 대해서 은유 작가는 학인(학생)과 관련된 하나의 이야기를 전해주었다. 한 학인이 공개 홈페이지에 글을 올리는 것에 대해 부담감을 가지면서 홈페이지를 비공개로 할 것을 제안한 것에 대해 다음과 같이 답하였다고 한다.

> 이 작은 공동체의 게시판조차 극복하지 못하면 '공적 글쓰기'는 불가능하다고 확실히 이야기한다. 혼자 쓰고 혼자 읽고 혼자 덮는 것은 일기다. 글쓰기가 아니다. 비밀이 한 사람에게라도 발언할 때 생겨나는 것이듯 글쓰기라는 것에는 어차피 '공적' 글쓰기라는 괄호가 쳐 있다. 그래서 글쓰기는 곧 남들에게 보여지는 삶, 해석당하는 삶에 대한 두려움을 벗어버리는 일이다.
>
> -은유, 『글쓰기의 최전선』, 메멘토, 2022

자신이 쓴 글을 공개한다는 것은, 세상 속에서 자신을 객관적으로 바라보겠다는 의지를 나타내는 것과 같다.

실상 다른 사람은 나의 글에 큰 관심이 없다. 실제로 용기를 내어 글을 공개해보았자 공개와 비공개의 문제는 전적으로 나의 문제였지 다른 사람은 관심이 없다는 것을 깨닫게 될 것이다. 아주 간혹 나의 공개된 글에 응답을 하는 사람들이 있다. 응답 대부분은 나의 글을 응원해주는 따뜻한 내용의 메시지이다. 만약 여러분이라면 다른 사람이 낸 용기에 비난을 보낼 것인가? 그러하지 않을 것이다. 어떤 식으로든 격려의 메시지를 보낼 것이다. 역지사지로 생각해보면 충분히 이해할 수 있다.

또 다른 장점으로는 좋은 블로그를 유지하려면 규칙적으로 정해진 시간 안에 글을 올려야 하기 때문에 글쓰기 연습에 상당히 도움이 된다는 점이 있다.

대표적인 블로그 글쓰기에는 네이버와 다음의 티스토리가 있다. 네이버 블로그는 큰 제약없이 아주 편안하게 접근할 수 있다. 의지만 있으면 된다. 네이버 블로그와 달리 다음의 티스토리는 좀 더 정제된 글쓰기를 하는 이들이 많다. 티스토리에서의 좋은 글들은 책으로 출판되기도 한다. 블로그가 글쓰기에 아주 좋은 수단으로 활용되고 있다.

블로그를 하다 보면 다른 블로거들이 말을 걸어오는 경우가 종종 있다. 그러면 말을 걸어온 블로거의 블로그를 찬찬히 살펴보고 대화를 이어나가기도 한다. SNS 상의 짧은 대화이지만 이것 또한 글쓰기 연습이 된다. 블로거 중에는 글쓰기에 관심이 많은 분들이 많기 때문에 온라인으로 대화하는 것도 가치있는 일이다.

CH 9.
공모전 글쓰기

　글쓰기에 재미를 붙이고 글을 자주 쓰게 된다면 공모전에 도전해 보라고 말하고 싶다. 우리나라는 중학생 이상의 연령대가 참여할 수 있는 글쓰기 공모전이 무수히 많다. 쉽게 말해 대한민국은 공모전의 나라다. 글쓰기 공모전만 1년에 약 900여 개가 있다. 신춘문예와 같이 매우 전문적인 글쓰기를 요구하는 곳도 있지만, 지자체에서 작은 규모로 시행하여 편하게 도전할 수 있는 공모전도 여럿 있다. 예를 들어 시내(마을)버스 체험 수기 공모전 같은 것이다.[13] 이 외에도 우리가 편하게 접근할 수 있는 공모전은 많다.

　글쓰기 공모전은 크게 창작 공모전과 독후감 공모전으로 나눌 수 있다. 독후감 공모전은 창작 공모전에 비해 글을 쓰는 데 부담이 덜하다. 어떤 책을 읽고 그것에 대한 감상을 쓰는 것이므로, 무에서 유를 창조해내는 창작 글쓰기보다는 쉽게 도전할 수 있다.

　그런데 창작 공모전에서도 조금 편하게 도전할 수 있는 공모전이 있다. 바로 우정사업본부에서 개최하는 '대한민국 손편지쓰기 공모전'과 '우체국 문화전' 공모전이다. 편지 쓰기 공모전은 앞의 편지 쓰기를 참고하여 대상을 정하여 진심 어린 마음을 전하면 될 것 같다. '우체국 문화전'은 수필 쓰기로 생각하면 될 것 같다. 두 공모전 모두 특별한 주제를 제시하기 때문에 그것에 맞추어 써야 한다는 제약이 있지만, 특별히 어려운 주제를 주는 것이 아니므로 초보자도 충분히 쓸 수 있다.

　독후감 공모전도 전국적으로 많이 열리고 있다. 그중 가장 큰 독후감 공모전은

---

[13] 이 공모전 같은 경우 1등(1명) 50만 원, 2등(2명) 30만 원, 3등(4명) 20만 원 상당의 지역 상품권이 상금으로 제시되었다. 그리고 등외라 하더라도 글이 좋을 경우 문집 제작 시 글 수록에 동의하면 소정의 원고료를 지급한다. 원고료를 받는 것도 기분 좋은 일이지만 자신의 글이 문집에 수록된다는 새로운 경험을 할 수 있어 매력적이라고 생각한다.

'협성 독서왕 공모전'이다. 협성 독서왕 공모전은 대상 상금이 300만 원에 달할 정도로 아주 큰 공모전이다. 필자가 개인적으로 느끼는 이 공모전의 가장 큰 매력은 '입선'이 있다는 것이다. 각 부문별로 9명의 수상자도 선정하지만 이것과는 별도로 부문과 관계없이 전체에서 입선 100명을 뽑는다. 진솔하게 글을 쓰면 입선에 뽑히지 않을까 하는 생각을 하게 된다.

공모전에 도전하게 되면 글쓰기의 자세가 조금은 달라진다. 먼저 기존에 당선되었던 작품들을 찾아 읽게 된다. 그러니까 좋은 글을 찾아 읽게 되며, 글을 좀 더 자세하게 여러 번 읽게 된다. 그러면서 자연스럽게 글에 대한 안목을 키울 수 있다. 그리고 직접 글을 쓸 때에도 좀 더 정확하고 매력적인 문장을 쓰려고 노력하게 된다.

공모전 글쓰기는 운동 경기로 말하자면 '대회'인 것이다. 올림픽 같은 매우 전문적인 대회도 있겠지만 '○○구청장배 배드민턴 대회'와 같은 아마추어 선수들이 참여할 수 있는 대회도 있다. 이러한 배드민턴 대회에 참여를 하게 되면 참여하지 않을 때보다 배드민턴을 좀 더 열심히 칠 것이다. 더불어 상당한 재미도 느낄 수 있다.

당선되지 않더라도 도전하는 것만으로도 글쓰기를 향상할 수 있는 좋은 기회가 된다. 만약 당선이 된다면 글쓰기에 자신감을 얻을 수 있게 되어 더욱 좋다. 전문적인 공모전에 도전하여 당선된 이들 중 어떤 이들은 자신의 당선을 예감했다고 한다. 스스로 당선에 준하는 실력을 갖추었다고 느꼈기 때문일 것이다. 한편 비전문적인 아마추어 글쓰기 공모전에서는 글을 보낸 후 바쁜 일상생활로 인해 글을 보냈다는 사실을 잠시 잊었을 때 전혀 예상하지 못한 채로 당선 소식을 들을 때도 있다.

필자의 경우 2025년 『어린이 동산』 주최의 제37회 전국 어린이 독후감 대회에서 지도교사상을 수상하였다. 전혀 예상하지 않았는데 수상전화가 걸려와 매우 기뻤다.

공모전에 도전하는 것이 글쓰기에 재미를 붙이는 데에 큰 효과가 있음을 확신하기에 여러분들에게 꼭 도전하라고 적극 권하고 싶다.

또 추천하고 싶은 공모전은 '안산시 올해의 책 독서감상작 전국 공모전'이다. 이 공모전을 추천하는 이유는 안산시 중앙도서관 홈페이지에서 지난 공모전의 당선작을 살펴볼 수 있기 때문이다. 안산시 중앙도서관 홈페이지에 방문하면 지난 공모전의 독서 대상 작품을 볼 수 있고, 이 작품을 읽고 투고하여 수상한 독후감을 볼 수 있다.

예를 들어 2024년에는 백수린 작가의 『눈부신 안부』가 독후감 대상 소설이었음을 확인할 수 있다. 그리고 『눈부신 안부』를 읽고 투고한 독후감을 찾아 읽을 수 있다. 시험에 비유하자면 기출 문제를 확인할 수 있는 셈이다. 올해 공모전에 도전하기 전에 지난 공모전 대상 소설을 읽어보고 그것에 대한 독후감을 읽어보면 독후감을 어떻게 써야 할지 감을 잡을 수도 있을 것이다.

위에서 제시한 것 외에도 아주 많은 독후감 공모전이 있다. 참여하게 된다면 책도 읽고 글도 읽게 되는 일석이조 행사인 것이다.

PART 3
글쓰기 과정

CH 1.
브레인스토밍과 키워드 글쓰기

글을 쓰려고 하는데 쓸 내용을 마련하지 못해 한 줄도 쓰지 못할 때 브레인스토밍과 키워드 글쓰기를 활용할 수 있다.

브레인스토밍은 알렉스 오스본(A. F. Osborn)이 개발한 개념으로 두뇌선풍, 두뇌폭풍(Brain+Storm)이라고도 한다. 즉, '뇌를 휩쓸어서 아이디어를 창출해낸다'는 의미로, 발상 모으기(의식의 흐름)이다. 우리나라 말에서는 난상토론이 가장 비슷한 말이며, 한 사람이 생각할 때보다 다수가 생각할 때 많은 양의, 그리고 질적으로도 우수한 아이디어가 나올 가능성도 많다는 것이다.

이것을 글쓰기에서 활용해보자. 한 사람이 여러 사람이 아이디어를 내는 것처럼 제약 없이 아이디어를 내는 것이다. 즉, 아무런 제약 없이 쓸 내용에 대해 생각하는 것이다.

일반적인 글쓰기에서 브레인스토밍은 단선형과 그물형 두 가지로 생각할 수 있다. 단선형은 하나의 생각에서 다른 생각으로 넘어가는 것이다. 다시 말하면 꼬리에 꼬리를 물어 이어지는 것이다. 원(동그라미)이라는 단어를 가지고 브레인스토밍을 해보자.

원 - 동전 - 식당 - 배고파 - 빵 - 편의점

원을 보니 동전이 생각났다. 동전은 돈이다. 돈이 있으면 식당에서 밥을 먹을 수 있다. 식당을 생각하니 배고프다. 빵이 먹고 싶다. 편의점에서 빵을 살 수 있는데…

이와 같이 서사도 없고 일관성도 없는 생각을 하게 된다. 다만 연쇄적으로 생각을 이어갈 뿐이다.

다음은 실제 학생이 한 브레인스토밍인데 보고 빈칸을 채워보자. 첫 번째 칸과 두 번째 칸은 비슷한 말이어서 빈칸이 하나만 있다고 생각해도 무방하다.

원 - [   ] - [   ] - 사랑

생각해 보았는가?[14] 실제 학생이 쓴 것은 아래 각주와 같다. 아마 학생은 당시에 연애를 하고 있었던 것 같다. 원에서 껴안음을 생각했고 그것이 사랑까지 이어진 것이다. 이렇게 브레인스토밍을 보면 그 사람의 삶 또는 그 사람의 현재의 관심사를 엿볼 수 있다. 위와 같이 떠오르는 생각을 연쇄적으로 쓸 수 있고 다른 사람의 브레인스토밍을 살펴보는 것도 흥미로운 일이다.

그리고 그물형은 생각나무, 생각그물로 표현되기도 한다. 아래의 사진을 보면 바로 이해가 될 것이다.

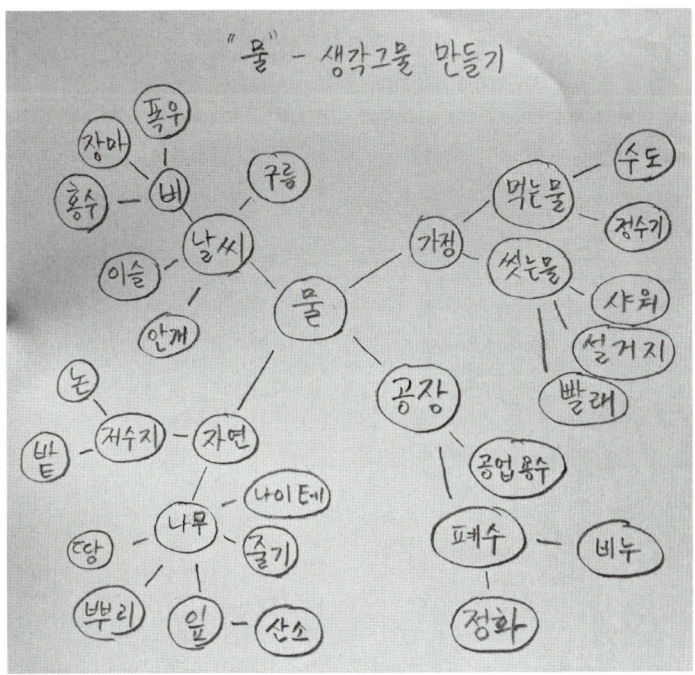

---

[14] 원- (껴안음) - (포옹) - 사랑

글쓰기 작업에서 브레인스토밍과 방향성이 같은 작업은 키워드 글쓰기이다. 자신이 한 브레인스토밍에서 특정 단어 몇 개를 나열해 글을 쓰는 것이 키워드 글쓰기이다. 결국 브레인스토밍에 이은 키워드 글쓰기는 현재 자신의 삶이나 생각을 기반으로 하는 것이다. 작가 은유는 키워드 글쓰기에 대해서 "어떤 단어에서 경험을 떠올리고 흐르는 생각을 붙잡아서 글로 풀어내는 것부터가 글쓰기 훈련이다."라고 말하였다. 브레인스토밍과 그에 기반한 키워드 글쓰기는 글쓰기 입문자 입장에서는 쉽게 글을 쓸 수 있는 하나의 긴요한 수단이 된다.

CH 2.
이력서 / 자기소개서 쓰기

　현대인은 바쁘다. 그것도 아주 많이. 그래서 다른 사람의 글을 읽을 시간이 없다. 따라서 다른 사람에게 '내 글을 읽어주세요.'라고 하며 글을 내미는 사람은 기본적으로 두괄식으로 글을 써야 한다. 이력서와 자기소개서도 마찬가지이다. 그리고 수많은 이력서와 자기소개서를 읽는 사람은 금방 지친다. 왜냐하면 수많은 이력서와 자기소개서가 천편일률적으로 비슷하기 때문이다. 비슷한 형식의 수많은 글을 읽는다면 얼마나 따분하겠는가. 따라서 이력서와 자기소개서를 쓸 때는 자신의 특징이 잘 드러나도록 써야 한다.

1) 이력서 쓰기

　이력서는 기본적인 양식이 있다. 그 양식에 맞추어 쓰면 되는데 어떻게 두괄식으로 쓰는지에 대해 묻는 사람도 있을 것이다. 주어진 틀 안에서 두괄식의 글을 추구하면 된다. 주어진 양식을 제약으로 보지 말고 기본 전제로 보면 된다. 그 안에서 두괄식과 자신의 특징 드러내기를 지향하면 된다.

　학력을 쓸 때 대학부터 쓰고 역순으로 고등학교로 내려가는 것도 좋다. 물론 고등학교가 특별한 학교라면 고등학교를 먼저 작성해도 좋다. 경력을 쓸 때도 마찬가지이다. 시간 순으로 쓸 수 있겠지만, 시간의 역순으로 그러니까 최근 경력부터 써나갈 수 있다.

　지금은 디지털 시대이다. 자신이 잘 가꾼 SNS 계정이 있다면 그 계정을 써도 좋다. 상을 받은 경력이 있다면 수상 경력을 쓰는 것도 좋고, 봉사 활동 경력도 좋다. '저희는 대학생이라서 특별한 경력이 없는데요.'라고 말하는 이도 있을 것이다. 그렇다면 지금부터 경력을 만들면 된다. 자신만의 SNS 계정을 만들어 관리하고, 교내·외 공모전에 응모하여 상을 받아보자. 또한 여러 봉사활동을 해보자. 이렇게 경력을 쌓은 다음 자신이 쌓은 경력 내용을 쓰면 된다. 소위 스펙이 높은 학력, 시험의 고득점 점수만 찾을 필요는 없다. 자신 주변을 살펴보면 얼마든지 작성할만한 소재에 해당하는 여러 활동이 있다.

2) 자기소개서 쓰기-두괄식으로 쓰기

'저는 엄격한 아버지와 자애로운 어머니 사이에서 1남 1녀 중 장남으로 태어나 부모님의 사랑을 받으며'로 시작하는 자기소개서는 절대 쓰지 말자. 이렇게 쓰게 되면 이 자기소개서는 바로 쓰레기통으로 향할 것이다. 면접관은 나의 어린 시절, 나의 가족 관계에는 전혀 관심이 없다. 자기소개서에서 자신이 하고 싶은 주된 내용을 처음부터 쓰자. '서론이 필요한 것 아니냐고 말하는 이도 있을 것이다.' 이에 필자는 답하겠다. 서론 필요 없다. 바로 본론으로 들어가면 된다.

방송국에 취직하기 위해 자기소개서를 쓴다고 가정하자. 바로 처음부터 자신의 방송과 관련된 경험을 쓰면 된다. 자기소개서 또한 두괄식으로 쓰는 것이다. 두괄식으로 쓰되 내가 하고 싶은 말을 쓰는 것이 아니라 면접관이 듣고 싶은 말을 써야 한다. 여러분이 심사위원이라면 지원자로부터 어떤 이야기를 듣고 싶은가? 어떤 이야기를 한 지원자를 합격시키고 싶은가를 생각해 보면 된다.

결과 중심적으로 써라. 그 결과까지 가는 지난한 과정은 듣고 싶지도 않고 들을 시간도 없다. 면접관이 듣고 싶은 과정의 내용은 처음부터 끝까지 모두가 아니다. 핵심 내용만 쓰면 된다. 거기에 좋은 결과를 가져올 수 있었던 과정을 간략하게 작성하면 된다.

'뽑아주시면 열심히 하겠습니다.'와 같은 말은 자신이 정말 열심히 하는 사람이란 인상은 주지 않고 착한 사람이라는 인상만 줄 수 있으므로 지양해서 작성해야 한다. 여기서 말하는 착한 사람은 회사에 입사해서 일이 힘들어 채 한 달도 못 채우고 나갈 가능성이 높다고 생각할 수 있기 때문이다.

이런 착한 사람이 한 달도 못 채우고 나갈 때 하는 말은 다음과 같다고 한다.
"열심히 하려고 했는데 저의 능력이 생각보다 부족하다는 것을 깨달았습니다. 정말 죄송합니다. 그리고 제 계좌번호는 ○○○입니다."

자기소개서 쓰기에서 여러분에게 참고가 될 만한 짧은 글을 소개하려 한다.

> 입사 지원 시 마이너스 요인으로 작용하는 자기소개서 유형으로는 52%가 '붕어빵식 자기소개서'를 꼽았으며, 그 다음으로 '문법이나 맞춤법이 틀린 자기소개서'가 23%, '좋은 말만 짜깁기한 자기소개서'가 13%, '자기자랑만 늘어 놓는 자기소개서'가 9%, '감정에 치우친 자기소개서'가 3% 순으로 나타났다.
> -강미은, 『글쓰기의 기술』 원앤원북스, 2006

위의 내용을 참고 삼아 최소한 마이너스가 되는 자기소개서는 쓰지 않아야겠다.

CH 3.
제목 붙이기

　글쓰기에서 중요한 작업 중 하나가 제목 붙이기이다. '글의 내용이 좋으면 됐지. 제목이 뭐 중요한가?' 말하는 이가 있을 수 있다. 하지만 글의 내용을 더욱 좋게 하기 위해 적절한 제목을 붙이는 것이다. 제목 붙이는 것이 어려워 글 쓰는 처음에는 엄두도 못 낸다면 제목 붙이는 것을 잠시 뒤로 미루자. 글을 쓰는 중간에, 글을 다 쓰고 나서 적절한 제목이 떠오르면 그때 제목을 달아도 전혀 늦지 않다.

　다른 사람이 작성한 좋은 글을 내용과 제목이 어떤 관계가 있는지 살펴보는 것도 제목을 붙이는 연습의 과정이다. 제목을 붙이는 과정은 글 전체를 생각하고 나의 글쓰기를 총체적으로 고민하는 과정이다. 따라서 제목을 붙이는 과정을 통해 나의 사유와 성찰은 성장하고 자연스럽게 글을 보는 안목도 올라간다. 제목을 달지 않거나 글의 일부를 상투적으로 따와 제목을 정하는 일은 하지 말자. 제목 달기에 최선을 다하자.

　제목 붙이기에 참고할 만한 좋은 글이 있다. 같이 보도록 하자.

　우리는 바야흐로 "날 좀 봐달라"고 몸부림쳐야만 생존하고 성공할 수 있는 세상에 살게 된 것이다. 글쓰기도 그런 몸부림에서 자유로울 수 없다. 독자의 관심을 얻으려는 글의 몸부림은 주로 제목 달기를 통해 나타나고 있다. (중략)

　막상 해보면 제목 달기가 매우 어렵다는 걸 느끼게 될 것이다. 나는 학생들에게 리포트 작성 시 리포트의 주장을 드러내는 동시에 독자가 읽고 싶은 유혹을 느끼게끔 '야하게' 제목을 붙이라고 누누이 강조하지만, 매번 이 요청을 지키지 않는 학생이 더 많다. 왜 그럴까? 자기 주장이나 생각이 없기 때문이다. 또는 여러 생각이 헷갈려 중심을 잡지 못하기 때문이다. 제목 붙이기는 그런 문제들을 극복하게 해주는 '안전장치'로서의 의미도 갖고 있다.

　제목을 달면서 자기만의 독특한 개념을 생각해보는 것도 좋다. 무슨 새로운 이론 수준의 개념을 말하는 게 아니다. 평범한 용어라도 2개의 서로 다른 용어를 결합시켜 나만의 주장

> 을 부각시킬 수 있는 개념을 만들어낼 수 있다는 것이다. 그런 시도를 해보면 알겠지만, 그것 또한 말처럼 쉬운 일이 아니다. 내용에 책임을 져야 하기 때문이다. <u>책임을 지기 위해 자꾸 생각하고 또 생각하다보면 그 과정에서 좋은 글이 나올 수 있다.</u>
>
> -강준만,『글쓰기 뭐라고』, 인물과사상사, 2018

강유정 작가도 저서 『영화 글쓰기』에서 제목의 중요성을 강조하며, '제목을 다는 고통스러운 순간이 한 단계 성숙하는 중요한 과정'이라고 말하면서 제목은 꼭 있어야 한다고 말하였다.

윗글에서 알 수 있는 것은 제목 달기의 과정이 글의 내용을 점검함과 동시에 더 좋은 글을 쓰게 하는 중요한 과정이라는 것이다. 제목 붙이기가 이렇게 중요한 과정인데 빠뜨려서야 되겠는가.

CH 4.
글쓰기 바로 시작해보자

1) 당장 쓰기는 어려워도 당장 읽기는 쉽다

쓰기는 읽기를 전제로 한다. 글쓰기 과정 중에 있는 사람은 항상 좋은 글을 읽고 있어야 한다. 현재 글 쓰는 사람은 자신이 읽고 있는 글이 작성 중인 글 내용에 드러나기 마련이다. 그러니까 글쓰기 과정에 있는 사람은 반드시 무언가를 읽고 있어야 한다. 그 무언가가 객관적·주관적으로 좋은 글이면 금상첨화다.

당장 쓰기는 어려워도 당장 읽기는 쉽다. 여러분 손에 휴대 전화 대신 펜을 잡기는 어려워도 책을 잡기는 그리 어렵지 않을 것이다. 누군가 여러분을 관찰하고 나서 '내가 당신을 관찰해보니 당신에겐 이러이러한 책이 어울리겠군요. 이러한 책을 읽어보세요.'라고 말해 줄 수 없다. 불가능한 일이다.

여러분 각자에게 어울리는 책, 흥미 있는 책은 본인이 가장 잘 안다. 타인을 통해 정하는 것이 아닌, 본인 스스로가 다양한 방면의 책 읽기를 통하여 자신이 흥미롭게 읽을 수 있는 분야, 잘 읽히는 작가 등을 찾아야 한다.

2) 못났더라도 자신만의 언어로 말하자

필자가 대학 시절 발표를 할 때 몇 분의 선생님께 다음과 같은 피드백을 받은 적이 있다. "학생이 발표한 내용의 수준은 높지 않고 일부 내용은 틀리기도 했는데…." 필자가 발표 준비를 할 때 느꼈던 가장 어려운 점은 책의 내용에 대해 이해하지 못했다는 것이다. 이해를 못했는데, 다시 말해 발표의 내용을 모르는데 앵무새처럼 책의 내용을 따라 할 수는 없었다. 그래서 필자가 선택한 것은 최대한 많이 읽어보고 내가 이해한 내용을 바탕으로 발표하는 것이었다.

내가 이해한 대로 발표를 하니 수준이 당연히 낮아질 수밖에 없었다. 발표 내용 중에서는 잘못 이해한 내용도 더러 있었다. 하지만 선생님 몇 분은 앵무새처럼 따라하지 않고 본인이 아는 대로 발표하는 것 자체가 좋았다고 말씀해주셨다.

글도 마찬가지이다. 자신의 글에 대한 수준이 떨어지고 못나 보이더라도 남의 것을 흉내내기보다는 오롯이 자기의 것으로 표현하는 것이 중요하다. 그렇게 꾸준히 연습하다 보면 조금씩 나아지고 있는 자신의 글을 발견하게 될 것이다.

3) 어미를 일관성 있게 쓰자

글쓰기의 기본 중에 기본인데 실제 교육 현장에서는 이것 또한 잘 지켜지지 않는 것을 수차례 발견하였다.

높임법에는 주체높임법, 상대높임법, 객체높임법 세 가지가 있다. 상대높임법은 격식체와 비격식체로 나눌 수 있다. 격식체에는 하십시오체(합쇼체, 아주 높임), 하오체(예사 높임), 하게체(예사 낮춤), 해라체(아주 낮춤)가 있다. 비격식체에는 해요체(두루 높임)와 해체(두루 낮춤)가 있다.

소제목을 어미의 일관성이라 달아 놓고 웬 높임법이냐 하는 분도 계실 것이다. 학생들이 실제 글을 쓸 때 여러 높임법을 혼용함으로써 어색함을 준다는 이야기를 하고자 한다.

따지자면 글은 격식체 중 해라체를 기본으로 한다. 그러나 최근에는 하십시오체를 사용하는 책들도 많이 나오고 있는 추세이다. 에세이뿐만 아니라 가벼운 학술 도서나 교양 도서도 하십시오체를 쓰는 책을 심심찮게 만날 수 있다. 이런 분위기로 인해 학생들에게 해라체만을 강요하지 않는다. 이러다 보니 학생들이 하십시오체와 해라체를 번갈아 사용하며, 심지어는 해요체까지 쓰는 경향을 보여준다. 이것은 말하기에서 동일한 청자에게 존댓말과 반말을 번갈아 쓰는 것과 같다. 듣는 이 입장에서는 어리둥절할 것이다. 글을 읽는 독자도 마찬가지이다.

실제 필자의 교육 현장에서는 '하십시오체', '해라체'와 같은 용어는 쓰지 않는다. 대신 대화에서의 존댓말과 반말에 비유하여 말한다. 즉 '하십시오체'와 '해요체'는 존댓말이고, '해라체'는 반말인 셈이다.

학생들에게 "어떤 사람이 여러분에게 존댓말과 반말을 섞어가며 말하면 어떻겠어요? 상당히 어색하겠죠? 그러니까 일관되게 써야 해요. 글에서는 반말이 기본이니까 기본적으로 반말을 써야 돼요. 존댓말을 쓸 경우에는 끝까지 존댓말을 써야 해요."

현장에서 지도해보면 '하십시오체'와 '해라체'를 섞어 가며 쓰는 학생들을 한 학기에 최소한 한 명 이상은 만나게 된다. 이럴 때면 다음과 같이 말할 수밖에 없다.

"어, 존댓말을 쓰다가 갑자기 반말로 바뀌었네.",

"반말을 하다가 갑자기 존댓말을 하네, 존댓말이면 존댓말, 반말이면 반말 하나만 일관되게 써야지!"

다음의 예시 글을 보자.

> 디카시의 사전적 정의는 디지털카메라로 자연이나 사물에서 시각 형상을 포착하여 찍은 영상과 함께 문자로 표현한 시이다. 실시간으로 소통하는 디지털 시대의 새로운 문학 장르로, 언어 예술이라는 기존 시의 범주를 확장하여 영상과 문자를 하나의 텍스트로 결합한 멀티 언어 예술이다. 쉽게 말하면 사진을 찍고 그 사진에 어울리는 5행 이내의 언술을 하는 것이다.
>
> 요약하자면, 디카시는 디지털카메라로 찍은 사진과 그 사진에 어울리는 5행 이내의 짧은 글을 결합한 새로운 형식의 **시입니다**.

첫 문단에서는 해라체를 사용하였는데 두 번째 문단에서는 하십시오체를 사용해 읽는 이로 하여금 어색함을 준다. 두 번째 문단의 마지막을 '새로운 형식의 시이다'로 수정해야 한다.

> 나는 나의 삶에 있어서 '하고 싶은 것은 꼭 해보자.'라는 좌우명을 가지고 있다. 고등학교를 졸업하고 나는 가고 싶었던 체육교육과에 아쉽게 실패를 하고 비슷한 과인 유아교육과에 진학하였습니다. 학교를 다니면서 나는 흥미가 있었지만 내 삶에 의문이 들었고 매 순간 자퇴를 하고 싶다는 생각이 들었습니다.

처음에는 '해라체'를 쓰고 있지만 다음부터는 '하십시오체'를 쓰고 있다. 하나로 일관되게 써야 하는데 여기서는 '해라체'를 써야 한다. 만약 '하십시오체'를 쓴다면 '나'를 '저'로 바꾸어야 한다.

4) 글을 잘 쓸 수 있는 시간과 공간을 마련하라 - 시간에 쫓겨 글을 쓰지 마라

인간의 모든 행위는 습관이다. 글쓰기도 마찬가지이다. 따라서 자신이 글을 잘 쓰는 때와 장소를 찾을 필요가 있다. 드라마 작가로 데뷔한 한 변호사(심지어 그녀는 아이의 엄마이기도 했다.)가 한 TV프로그램에서 이런 이야기를 했다. "퇴근하고 집에 들어와 아이들을 돌봅니다. 그리고 아이들이 잠에 들고 난 후인 9시부터 새벽 1~2시까지 4년 정도 글을 썼습니다." 이렇게 매일 정해진 시간에 글을 씀으로 해서 현직 변호사이면서도 드라마 작가로 데뷔할 수 있었다고 한다.

어떤 이는 닥치는 대로 쓴다고 한다. 자주 쓸 수 있다면 시간을 정해서 쓰라는 말이 필요 없다. 자주 쓰지 못하기 때문에 쓰는 시간을 정하라는 것이다. 하루에 몇 시부터 몇 시까지 정해진 시간만큼은 꼭 글을 쓴다고 생각하자. 이때 블로그를 써도 좋다. 좋은 습관을 노력하여 들일 필요가 있는 것이다.

글은 기본적으로 사유의 결과물이기 때문에 시간에 쫓기면서 작성하면 제대로 된 글을 쓸 수 없다. 쓰는 시간을 정해놓고 사유를 즐기며 글을 쓰자.

5) 글은 수다다

말을 못하는 사람은 거의 없지만 글을 못 쓰는 사람은 많다. 다시 말해 스스로 글을 못 쓴다고 생각하는 사람이 많다. 스스로 글을 못 쓴다고 생각하면서도 흰 종이 앞에서 펜을 들고 궁리하는 사람에는 무슨 말을 해 줄 수 있을까?

이오덕 선생님은 일찌감치 "말하듯이 쓰라!"라고 말하셨다. 맞는 말로, 글은 수다다. 필자는 지금까지 수다쟁이가 아닌 사람을 보지 못했다. 아무리 내성적인 사람도 편한 환경에서 편한 사람에게는 말을 많이 한다는 것을 알게 되었다. 자신에게 편한 환경을 떠올리고 자신의 말을 잘 들어줄 사람이 앞에 있다고 생각해 보자. 그리고 실컷 수다를 떨어 보자. 이처럼 글 쓰는 환경을 편한 환경으로 만들고 나의 말을 잘 들어주는 사람이 종이라고 생각해 보자. 그리고 역시나 말하듯이 글을 써 보자.

혹 글쓰기에서 어떻게 수다를 떨어야 할지 모르겠다는 분도 있으실 것이다. 필자가 방법을 알려드리겠다. 수다는 혼자서 떠는가? 상대가 있을 때 우리는 수다를 떤다. 상대 없이 혼자서 수다를 떠는 이는 없을 것이다. 글쓰기에서 수다를 떨기 위한 상대는 책이다. 여러분이 책을 읽다 보면 자기도 모르게 하고 싶은 말들이 머릿속을 지나갈 것이다. 그럴 때 바로 머릿속을 지나가는 문장을 메모하면 된다.

좀 다르게 이야기해 보자면 노래에 비유하여 이야기할 수 있겠다. 노래를 계속해서 들으면 자기도 모르게 흥얼거리게 된다. 마찬가지로 독서를 자주 하면 자기도 모르게 문장들을 흥얼거리게 된다. 경험해본 이는 안다. 자기도 모르게 어느새 서술자가 되어 문장을 만들어 흥얼거리게 된다. 이런 방법으로 수다를 떨 수 있다.

6) 치유의 글쓰기

몹시도 떨었던 일주일

전 노래를 아주 못합니다. 누구에게는 학창 시절 음악시간이 즐거운 시간이었겠지만 저에겐 아주 곤혹스러운 시간이었습니다. 특히 가창 실기가 있는 날이면 학교에 가기 전 아침부터 몹시 떨었습니다. 그때는 너무 어리고 순진해서 학교를 빠져야겠다는 생각을 못했던 것 같습니다. 아마 지금 같았으면 학교에 가지 않았을 것입니다.

실상 가창 실기에서는 노래를 두 소절 이상 부른 적이 없습니다. 왜냐고요? 상황은 이렇습니다. 겨울철 사시나무가 그렇듯 떨고 있는 제가 자리에서 일어납니다. 막 노래를 부르기 시작하자마자 아이들은 이제까지 전혀 들어보지 못한 음치, 박치에 놀라 전혀 주저함이 없이 웃어 제낍니다. 그러면 가뜩이나 주눅 든 저는 노래를 더 이상 이어가지 못합니다. 시간이 좀 지나면 아이들의 웃음소리는 잦아듭니다. 가창 실기도 시험이라 너무도 순진무구한 저는 다시 노래를 이어가려 합니다. 그러면 이제는 선생님이 "응~ 됐어, 자리에 앉아~" 아주 부드럽게 말씀하십니다. 그제서야 저는 겨우 안정을 되찾습니다.

> 그런데 제목이 왜 몹시 떨었던 일주일이냐고요? 그것은 제 성 때문입니다. 저는 "최"씨입니다. 어떤 날은 수업 시간 40분(초등학교) 또는 45분(중학교) 안에 반의 모든 학생이 가창 시험을 못 볼 때가 있습니다. 그럴 때는 공교롭게도 꼭 제 앞에서 끊깁니다. 저는 그때 지옥을 맛봅니다. 아침부터 내내 떨었는데 "최"씨라는 성 때문에 번호가 뒤여서 끝내 노래를 부르지 못하고 그 떫은 일주일 강제 유예당합니다. 병약하고 소심했던 저는 일주일 동안 병든 닭처럼 풀이 완전히 죽어 지냅니다. 그럴 때는 그 흔하디 흔한 김씨 성을 가진 친구들이 몹시도 부러웠습니다.

윗글은 필자가 쓴 짧은 수필이다. 필자의 경험을 솔직하게 쓴 것인데 필자는 사회 초년생 시절까지도 공개된 자리에서 노래를 부르는 것이 매우 힘들었다. 필자는 노래를 지독히도 못 부른다. 그런데 다른 사람은 이런 일을 모른다. 한번은 지인의 결혼식 피로연 자리에서 사회자가 다음 결혼 예정자라는 이유로 나에게 노래를 시켰다. 노래에 소질이 전혀 없는 내가 지금 이 자리에서 노래를 부르게 되면 흥이 깨질 것이기 때문에 노래를 부르지 않겠다고 했는데 사회자가 끈질기게 노래 부르기를 요구했다. 결국 마지못해 노래를 불렀다. 아니나 다를까 사회자는 나에게 어떻게 노래를 이렇게 못할 수가 있냐면서 짜증을 냈다. 내가 노래를 한다고 했나? 지가 시켜놓고. 나중에는 짜증 낸 것이 미안했던지 내 자리에 와서 결혼을 미리 축하한다며 술 한 잔을 따라 주었다.

이 정도로 노래를 못하고 그것은 나에게 늘 상처였다. 그러나 시간이 흐르고 또 위와 같은 수필도 써서 블로그에 공개하고 나니 마음이 한결 편해졌다. 글쓰기가 내적 상처에 대한 치유 능력이 있는 것은 이미 알려진 사실이다. 여러분도 혹시나 내적 아픔이 있다면 글을 쓰면서 달래보길 바란다.

7) 작가 이전에 필자 되기

이 글에서 나는 나를 필자로 지칭하고 있다. 필자는 보통 글에서 글 쓰는 이, 자신을 지칭할 때 쓰는 표현이다. 우리는 흔히 책이나 글을 쓸 때 글 쓰는 자신을 필자라고 지칭한다.

　글 쓰는 일을 대단한 일이라고 생각하는 사람은 글은 작가나 쓰는 것이라고 생각할 수 있다. 그래서 나 같은 평범한 이는 글을 쓸 수 없을 것이라고 생각할지 모르겠다. 그렇다면 나는 그런 이에게 '작가 이전에 필자가 되어라'라고 말하고 싶다.

8) 자신의 삶에 애정을 갖자

　글쓰기는 결국 자신의 이야기를 하는 것이다. 간혹 수필이나 문학 감상문을 쓸 때 자신의 삶은 너무 평범하여 쓸 거리가 없다고 말하는 학생이 있다. 그럴 때면 필자는 학생에게 여러 질문을 던지면서 대화를 시도한다. 학창 시절 짝사랑했던 적은 없는가? 기뻤던 적은 없는가? 삶에서 가장 흥미로웠던 적은 언제인가? 이런 질문을 던지면 자신의 삶은 너무 단조로워서 재미가 없다고 한다. 그러면 필자는 질문을 바꾼다. 다른 사람 앞에서 창피를 당했던 때나 삶이 힘들었던 때는 없었나? 그러면 힘들었던 때는 많았다고 한다. 그런 힘듦이 자신의 삶에서 어떤 의미를 가지는지 곰곰이 생각해 보고 글쓰기를 해보라고 권한다.

　글쓰기를 처음 하는 사람의 입장에서는 자신의 삶에서 쓸 거리를 찾는 것이 쉽지 않을 수 있다. 이런 일을 해보지 않았기 때문에 어쩌면 당연한 일이다. 글쓰기는 자신의 삶의 의미를 발견하는 과정이기도 하다. 자신의 삶에 애정을 가지고 찬찬히 돌아보면 별것 아니었던 것 같은 일들이 실은 자신의 삶에서 중요하거나 흥미로웠던 일이었음을 새삼 발견할 수도 있다. 이런 식으로 자신의 삶에서 의미 있는 일들을 발견하며 글을 쓰다 보면 글쓰기는 어느새 삶의 의미를 만들어가는 과정이 되기도 한다.

　삶은 '자신의 생각과 의지를 얼마나 멋있게 펼치느냐'이기도 하지만 동시에 '닥친 문제에 대해 얼마나 현명하고 적절하게 대처하느냐'의 문제이기도 하다. 글쓰기를 꾸준히 하면 닥친 문제에 차분하고 현명하게 대처할 수 있는 능력이 생긴다. 마치 운동을 꾸준히 하는 사람은 병에 잘 걸리지 않거나 걸리더라도 금방 낫는 것처럼 말이다.

CH 5.
독서 방법

글을 잘 쓰기 위해 많은 글을 읽는 것은 너무나도 당연한 일이다. 학생들에게 이런 이야기를 하면 학생들은 '독서는 어떻게 하는 것이냐?'며 독서 방법을 물어온다. '그냥 읽기만 하면 되는 것이냐?'라고 조금 투덜대며 묻는 이도 있다. 그럴 때 그냥 읽기만 하는 것도 나쁜 방법은 아니라고 말한다. 읽기 방법을 몰라서 글을 읽지 못한다는 학생에게는 이 방법도 괜찮다. 독서 방법은 일단 읽고 있는 이가 좀 더 효율적인 독서 방법을 찾을 때 유용한 것이다. 읽지도 않고 있으면서 효과적인 독서 방법을 찾는 이에겐 일단 무엇이든지 읽기부터 시작하라고 말한다.

읽기 활동을 하는 데 자신의 읽기 활동이 맞는 것인지, 좀 더 효과적인 독서 방법은 없는지 의문을 하는 학생에게는 몇 가지 조언을 한다. 그 내용을 여기서 말하고자 한다. 독서 방법의 특별한 방법은 없다. 다만 독서가 수동적이지 않고 능동적이며, 주체적이고 비판적이라면 그 독서 방법은 좋은 방법이라고 말할 수 있다.

능동적인 독서 방법은 책의 내용을 단순히 읽는 것이 아니고 책의 내용에 의문을 품고 질문을 던져보는 것을 말한다. 책을 본격적으로 읽기 전에 제목에서부터 의문을 품을 수 있다. 예를 들어 현덕의 『하늘은 맑건만』이라는 소설을 읽을 때 우리는 왜 제목이 '하늘이 맑아서', '하늘이 맑은데', '하늘은 맑고'가 아니라 '하늘이 맑건만'인지 질문할 수 있다.

'하늘' 다음에 붙은 조사는 격조사 '이'가 아니고 보조사 '은'이다. 보조사 '은'은 보통 무엇을 지정하거나 대조의 뜻을 표현할 때 사용한다. 또 '~건만'(용언이나 '이다'의 어간 또는 선어말 어미 '-으시-', '-었-', '-겠-'의 뒤에 붙어서 어떤 사실을 기정의 사실이나 응당한 사실로 인정하거나 추측하면서 뒤의 사실에 대립시키는 뜻을 나타내는 말)의 사전적 정의를 정확히 알지 못한다 하더라도 뒤이어 바로 대조나 대립되는 내용이 나온다는 것을 어렵지 않게 알 수 있다. 이런 의문을 품고 글을 읽는 것이 능동적 읽기의 한 방법이다.

실제 『하늘은 맑건만』 소설을 읽다 보면 주인공 '문기'의 심리 상태는 잘못 받은 거스름돈을 마음대로 써버려 편하지 않은 상태임을 알 수 있다. 소설의 제목이 문기의 편하지 않은 심리 상태와 하늘의 맑음을 대조하고 있다는 것을 알 수 있다.

황순원의 『소나기』도 하나의 예에 해당된다. 소설에서 소나기는 소년과 소녀가 가까워지게 되는 결정적 소재가 되기도 하지만, 둘의 사랑이 한 여름에 내리는 소나기처럼 짧은 것이었다는 것을 알려 주는 소재이기도 하다.

제목에 대한 이해는 기본적이면서도 필수적인 것이다. 먼저 진형민의 「멍키 스패너」를 예로 들어보자. 이야기 초반에 중학생인 언니와 유치원생인 동생만이 나오는데 어른 남자들이나 사용할 법한 멍키 스패너가 왜 제목일까 하는 생각이 자연스레 든다. 그런데 책을 읽다가 개수대의 물이 잘 안 내려가는 장면이 나오게 되면 제목이 왜 '멍키 스패너'인지를 짐작하게 된다.

백수린의 『눈부신 안부』를 또 예로 들어보자. 소설을 한참이나 읽어도 왜 제목이 '눈부신 안부'인지 알 도리가 없다. 서술자가 독일에서 지냈던 2년 동안의 이야기만 줄곧 나오니 말이다. 그러다 파독 간호사 중 하나였던 선자 이모의 첫사랑격인 'KH'를 찾는 부분에서 왜 제목이 '눈부신 안부'인지 짐작하게 된다. 책을 읽다 보면 제목의 의미를 처음 깨닫는 부분이 있다.

그런데 소설을 읽어나가다 보면 반전이 있을 수 있다. 그럴 때는 제목이 또 다른 의미로 다가올 수도 있다. 이렇게 제목의 의미를 알아가는 것이 책을 읽는 하나의 독서 방법이자 재미인 것이다.

제목뿐만 아니라 글의 내용에서 암시나 복선을 이해하며 읽는 것이 또 하나의 독서 방법이다. 다르게 표현하자면 필연성을 이해하며 읽는 것을 의미한다. 소설 『소나기』에서 소녀가 징검다리에서 물장난을 하는 것은 소년과 대화를 하기 위함이다. 소녀가 소년에게 '바보'라고 말하며 조약돌을 던지는 행동은 자신의 행동을 이해하지 못하고 다리 건너기를 쉽게 포기하는 소년에 대한 원망과 아쉬움의 표현이다.

암시와 복선에 대한 이야기를 할 때마다 몇 해 전에 개봉한 영화 「헌트」를 꼭 언급한다. 아주 좋은 예이기 때문이다. 영화에서 정우성과 이정재는 대통령을 보좌하는 대한민국의 주요 관리로 나온다. 대통령의 미국 방문 시 대통령을 저격하려는 테러리스트를 발견하게 되고 이들을 잡는 과정에서 이정재가 테러리스트의 인질이 된다. 이때 정우성은 이정재를 인질로 잡은 테러리스트를 저격하여 죽인다. 이에 이정재는 정우성에게 중요한 용의자를 왜 죽이냐며 따진다. 정우성은 '인질이 되지 말았어야죠.'라고 화를 내며 가버린다. 정우성은 왜 중요한 용의자를 죽였나? 영화를 보다 보면 그 용의자는 정우성이 보낸 조직원 중 하나임을 알게 된다. 그러니까 그 용의자가 잡혀 심문을 받다 보면 자신의 정체가 탄로날 수도 있을 것을 염려해서 정우성은 테러리스트를 죽인 것이다.

이렇게 소설을 읽을 때 암시와 복선을 이해하며 읽는 것이 주요한 독서 방법 중 하나이다. 암시와 복선을 이해하며 소설을 읽거나 영화를 볼 때 더 큰 재미를 느낄 수 있다.

독서 방법의 가장 좋은 것은 독서에 익숙해져야 한다는 것이다. 익숙해지기 위해서는 일단 시작해야 한다. 일단 시작해서 자주 읽자. Just do it!

글쓰기 지도(첨삭 지도) 25 규칙

글쓰기 지도 초급 10 규칙
- ✓ 문장의 길이-단문으로 쓰라(일문일사).
- ✓ 단어-적절한 단어, 정확한 단어를 쓰라.
- ✓ 문단-문단을 나누어라.
- ✓ 구성-글에도 처음, 중간, 끝이 있다.
- ✓ 문장 성분-호응 관계를 맞춰 쓰자. 주어-서술어, 부사어-서술어
- ✓ 문장 성분-주어와 목적어를 과도하게 생략하지 말자.
- ✓ 맞춤법에 유의하자.
- ✓ 높임 표현에 유의하자.
- ✓ 띄어쓰기에 유의하자.
- ✓ 이미를 일관성 있게 표현하자.

글쓰기 지도 중급 10 규칙
- ✓ 접속사를 쓰지 마라.
- ✓ 부사어를 쓰지 마라.
- ✓ 문단-균형 있는 문단을 쓰라.
- ✓ 단어-참신한 단어를 쓰라. 단어를 중복하여 사용하지 마라.
- ✓ 글의 전개 방식을 활용해 보자. - 분류, 분석, 비교, 대조
- ✓ 문단-중심 문장과 뒷받침 문장을 균형 있게 쓰라.
- ✓ 이중 피동 표현에 유의하자.
- ✓ 최대한 간결하게 써 보자.
- ✓ 글의 양식을 이해하고 양식에 맞는 글을 쓰자.
- ✓ 시간 구성과 공간 구성을 활용해 보자.

글쓰기 지도 고급 5 규칙
- ✓ 개요를 작성해 보자.
- ✓ 단문쓰기를 하되 적절하게 유려한 복문을 써 보자.
- ✓ 주제 의식을 가지고 글을 쓰자.
- ✓ 복선을 이용하자(수미상관 표현법을 활용해 보자).
- ✓ 끊임없이 읽고 고쳐 써 보자.

부록

`문학나무』 2024년 여름호, 제5회 황순원 스마트 소설 공모전 수상작

대상 수상작 이이서

달빛, 아이, 세랑

마을에 불빛은 사라졌다. 전등에 불이 들어오지 않은 지 오래고, 그건 다른 집들도 마찬가지였다. 밤이 되면 눈을 뜨고 있어도 눈을 감은 것과 같았다. 그래서 밤이 되면 나는 창 틈새로 들어오는 달빛에 몸을 욱여넣었다. 웅크린 내 위로 달빛이 쏟아질 때 눈을 감고 있으면 누군가 내 몸을 토닥토닥 다독거리는 것만 같았다.

토닥여줘. 머리를 쓰다듬어줘. 눈을 감고 누군가 내 머리를 쓰다듬는 모습을 생각했다. 조심스러운 손길. 천천히 머리를 쓰다듬어 주는 손길. 나는 문득 그 누군가가 있을까 궁금해졌다. 감았던 눈을 뜨자 투명한 형체의 무언가가 나를 바라보고 있었다. 내 또래의 아이 같았다. 얼굴은 보이지 않지만, 고개를 갸웃거리는 모습에 나도 모르게 손을 뻗었다. 잡으려 손을 대면 아무것도 잡히지 않았다. 그냥 그대로 이상한 아이의 몸을 통과해버릴 뿐이었다.

이불을 걷어내고 일어서면 아이는 나를 따라 몸을 일으켰다. 움직여도 사라지지 않는 아이의 모습에 나는 용기를 얻어 방 밖으로 나갔다. 아이를 비추는 달빛으로 집 마당이 어슴푸레 보였다. 투명한 아이의 얼굴 너머로 별들이 밤하늘에 깨처럼 콕콕 박혀있었다. 아이의 가슴께에는 담장 너머 거세게 치는 파도가 보였다. "기다리고 있어." 엄마의 뒷모습이 떠올랐다.

달이 지구와 가까워지고 바다는 차츰 땅을 집어삼켰다고 했다. 때문에 아랫마을은 물 안에 잠겨버렸다고 했다. 때문에 종종 물에 젖은 책가방이

나 옷가지가 둥둥 떠다니다 대문 아래로 밀려들어 올 때도 있었다. 가끔은 익사한 동물이 파도에 밀려오기도 했다. 대문 안팎으로 파도에 밀려들어온 것들이 가득했다. 그걸 볼 때마다 나는 천장에 난 물 자국을 보다 찾은 수중 도시 세랄을 떠올렸다. 물 아래에 있는 도시 세랄. 발을 땅에 딛고 있어도 허공에 떠 있는 기분이 이상한 게 아닌 게 되는 도시 세랄. 무음이 언어가 되는 도시 세랄. 세상이 모두 물에 잠기고 있는 것도 수중 도시로 가는 문이 열렸기 때문일지도 몰랐다. 엄마가 지금까지 돌아오지 않는 것도 어쩌면 내가 말했던 세랄을 찾았기 때문일까? 이곳을 떠나 그곳으로 가고 싶었다. 엄마가 있는 도시 세랄로.

달빛은 어디든 통과할 수 있으니, 세랄로 향하는 길을 알려줄 수 있을까. 누구에게 부탁해야 하지. 달빛? 아이? 나는 한 걸음 아이와 멀어졌다. 아이는 한 걸음 내게 쫓아왔고 그런 아이를 따라 달빛도 움직였다. 내가 도망가며 아이가 따라오고 아이의 뒤를 달빛이 쫓아오고. 술래잡기하듯이 한참 동안 담 안쪽에서 이리저리 뛰어다녔다. 아이는 숨이 차지도 않는지 고개를 갸웃거리며 나를 쳐다봤다. 달빛은 희미해졌다 선명해지기를 반복했다. 마치 아이의 모습을 따라 하기라도 하는 것만 같았다. 달빛이 아이일까, 아이가 달빛일까. 아이를 바라봤다. '너 나를 세랄로 데려다 줄 수 있어?'

퉁- 퉁- 퉁-. 무언가 부딪히는 소리가 들려왔다. 대문 틈새로 밖을 보면 오르막길 반 이상이 물에 잠겨 있었다. 파도가 밀려올 때마다 잘 만들어진 나무배 하나가 아랫집 대문을 두드리고 있었다. 두드려도 아무도 안 나올 텐데. 창고 옆 작은 의자 위에 올라 발끝을 들고 담벼락에 턱을 괴었다. 바닷물이 어제보다 한 뼘 더 차오른 듯 보였다. 고개를 드니 저 멀리서 노란 불빛이 일렁였다. 노란 불빛을 가만히 바라보다가 조금씩 가까워지고 있는 것을 깨달았다. 엄마가 옆 도시의 배를 타고 오는 중일지도 몰랐다. 혹은 세랄에서 보낸 배일 수도 있었다. 나는 집에 하나뿐인 의자를 끌고 와 창고 위로 올라갔다. 창고 지붕을 딛고 지붕 위로 힘겹게 오르자 주변이 훤하게 보였다.

집 앞에 묶여 있던 배 위로 사람들이 하나둘 올라타고 있었다. 한 사람이 나를 보더니 놀란 표정을 지었다. 손짓을 하며 내게 소리쳤다. 일그러진 소리는 괴성같이 들렸다. 나는 얼른 아이의 뒤로 숨었다. 아이는 투명했지만, 왠지 나를 숨겨 줄 수 있을 것 같았다. 나는 엄마가 한 말을 기억했다. "기다리고 있어." 소리치던 사람을 이내 고개를 갸웃거리다 다시 괴성을 질러댔다. 사람들은 배를 타고 앞으로 나갔다. 멀리 점점 멀리. 사람들이 멀어질수록 노란 불빛은 점점 가까워졌다. 불빛이 느리게 그리고 짧게 깜박거렸다. [이리로 와] 엄마의 신호인 게 분명했다. 나는 지붕 위에서 발을 동동 굴렀다. 아까 사람들을 따라 밖으로 따라 나갈 걸 그랬다. 불빛이 다시 깜박였다. [어디 있어?] 나는 지붕 끝 쪽으로 달려가 손을 흔들었다. 불빛은 움직이지 않았다. [이리로 와] 이리 오란 말만 반복할 뿐이었다. 나는 아이를 바라봤다. '엄마에게로 데려다줄 수 있어?' 지붕 끝자락에 달빛이 맺히더니 새하얀 길을 만들어 냈다. 아이는 내 손을 잡았다. 아이는 빛 위로 몸을 던졌다. 아이를 따라 일렁이는 새하얀 빛 위로 떨어졌다. 깊이 더 깊이. 알 수 없는 소리가 멀어졌다 가까워지기를 반복했다. 감을 눈 틈새로 들어오는 흰 빛을 움켜쥐며 입을 열었다. '엄마가 있는 세랄로 데려다줄 수 있어?' 아이는 입 모양으로 내게 물었다. '세랄?' 내가 고개를 끄덕였다. '세랄'* 아이도 고개를 끄덕였다. 아이는 내 손을 더욱 꽉 잡았다. 깊이 더 깊이. 머리 위로 노란 불빛이 깜박거리며 일렁였다.

---

*cerrar : 닫다, 모으다, 가깝게 하다, 주위에 있다.
 cerrarse : 닫히다, 잠기다.

> 수상소감

지금처럼 꾸준히

　당선되어서 너무 기쁘고, 감사합니다. 어렸을 때부터 책 읽는 것을 좋아한 건 맞지만, 작품을 창작하는 일은 21년도에 처음 해보았습니다. 때문에 제가 될 거라고 생각도 하지 못했습니다. 좋게 봐주셔서 감사드립니다. 저를 믿어주시고 격려와 지지를 아끼지 않으셨던 두 분의 선생님께도 감사 말씀드리고 싶습니다. 저를 가르쳐주신 라온 선생님과 교수님 한 분 한 분의 애정 어린 관심이 없었다면, 이런 감사한 일은 일어나지 않았을 거라 생각합니다. 선생님과 교수님들께도 감사의 말씀 드리고 싶습니다. 주신 상은 소중히 간직하겠습니다. 앞으로 더 좋은 작품으로 세상과 소통하라는 응원의 말씀으로 알겠습니다. 마지막으로 지금처럼 제 속도를 잃지 않으며 꾸준히 앞으로 나아가겠습니다. 다시 한번 감사드립니다.

심사평

스마트 소설적이다

　달빛 같은 작품이다. 구체적 서사는 도드라지지 않고 달빛처럼 모호하지만 전체적으로 우화적인 아름다움을 가지고 있다.

　일차적인 서사는 어머니를 그리워하는 마음을 그린 듯하나 깊이 들여다보면 잃어버린 것들에 대한 울림으로 이어진다.

　불빛이 사라지고 화자가 있는 아랫마을은 물에 잠겨 있다. 그가 거주하고 있는 마을은 재앙으로 인해 뒤집어져 있는 세계다. 어머니는 어딘가에 가 있는데 그곳은 세랄이라는 '도시'다. 달이 지구에 가까워져 바다가 땅을 점점 잠식하고 있어 사람들은 배를 타고 떠나고 있다. 그 와중에 화자는 자신을 바라보고 있는 또래의 아이를 발견한다. 투명한 형체의 아이는 신비스러운 존재다. 은유로서 그의 '자아'일 수도 '상상'일 수 있다. 화자는 현실인지 환상인지 지붕 위에서 발을 동동 구르다가 드디어 아이가 내미는 구원의 손을 잡는다. 이 작품은 이토록 많은 상상의 공간을 열어 주고 있어, 내용은 짧지만 큰 울림을 준다. 스마트 소설적이다. 게다가 아름답다!

이이서
1997년 8월 18일 출생
18세에 늘푸른자립학교라는 대안학교 졸업
22학번으로 서울예술대학교에 합격하여 재학 중

금상 수상작 백성

사랑의 성자 컵라면

어둡고 긴 팬더믹 터널을 지나고 쓰나미처럼 몰려오는 전재의 후유증으로 온 세계가 경제공황을 겪고 있다. 세계 노숙자협회(WHA)는 2023년의 최고 긍휼 식품으로 컵라면을 선정하고 영국 왕실의 기사작위와 같은 세인트 칭호를 수여하면서 그 이유를 밝혔다.

- 컵라면님은 주린 자들과 함께 집에만 있는 것이 아니고 노숙하는 자, 길 잃은 자, 핍박 받는 약자를 위하여 과감히 냄비에서 뛰쳐나와 스스로 거리로 나선 매우 용기 있는 분입니다.
이 분께서는 비록 냄비에서 벗어나셨지만 지금도 몸소 자기희생의 삼위일체를 실천하시는 큰 사랑과 자비가 있어 충분히 성자라 부를 수 있을 만큼 거룩하신 분이라 믿습니다.

컵라면이 사랑의 성자 반열에 들던 날, 체육관에 모여 결과를 초조히 기다리던 200여 컵라면들은 감격의 눈물을 흘리며 그동안의 고생이 헛되지 않았음을 확인하고 대견해 했다. 그리고 대표격인 왕사발면을 통하여 진심에서 우러나오는 말로 겸손하게 소감을 전했다.

- 어떻게 우리가 그 수많은 가난한 자를 제 몸같이 돌보던 성 프란치스코 성자나, 중생의 해탈을 위해 영화를 버린 붓다처럼 성자가 될 수 있겠습니까! 가당키나 한 일이겠습니까? 우리는 그저 묵묵히 제 본분을 다했

을 뿐입니다. 보잘것없는 우리를 과분하게 보아 주시니 참으로 당황스럽고 부끄럽기만 합니다.

그러나 우리는 선조들이 그러했듯이 가난한 자, 외로운 홀아비, 기러기 아빠, 길에 나앉은 노숙자, 모래바람 날리는 사막의 노동자, 고국 떠난 여행자와 교포 심지어 바쁜 월급쟁이의 일용할 양식을 위해 뜨거운 물속으로 목숨 걸고 뛰어들었고 그들의 입맛을 위해 기꺼이 내 한 몸 가루가 되기도 했습니다.

아시다시피 용기 그 자체가 포장이자 조리기구이고, 식기인 가진 것을 다 내어놓는 희생의 삼위일체적 삶을 마다않고 살아온 지 어언 반 백 년이 지났습니다. 앞으로도 모든 이들에게 힘들고 어려운 역경 속에서 굳건히 살아남을 수 있도록 그 '빠른 속도와 뜨거운 힘'을 아낌없이 베풀 것입니다. 최후의 국물 한 방울까지도 모두의 가슴에 영원히 기억될 명품이 될 것을 약속드립니다. 그리고 성자라는 칭호보다 오히려 먼 길 떠나는 여행자의 배낭 속에서, 집의 조용한 선반 위에서, 공부하는 도서관, 한라산 정상에서, 땀이 밴 작업장 연장통에서, 원양어선 갑판에서 언제라도 필요할 때 도움을 줄 수 있는 가장 유용한 친구가 되기를 소망합니다.

시대에 따라 변하지 않으면 죽어 없어진다는 것을 알고 우리는 변화에 목숨을 걸었습니다. 반 세기 동안 우린 몸 단련에 최선을 다해 왔습니다. 초기에 넘쳐났던 기름과 소금을 줄이고 맵고 담백한 맛으로 목표를 변경했습니다. 그리고 이젠 최상의 다이어트 식품으로 인정 받기에 이르렀습니다.

우리는 잘 압니다. 최대의 간편과 최소의 비용으로 가장 어려운 이들의 영양과 건강 지킴이 우리의 사명이란 것을. 더하여 우린 온 몸의 아픔을 인내하고 스스로 우리의 피부를 비벼내 세계인의 색다른 입맛에 도전해 보려합니다. 신세대를 위해 내놓은 우리의 새 친구와 친척들도 꼭 한 번 만나 주십시오.

　삼가, 우리는 성자 칭호를 정중히 사양합니다. 대신 우리가 길 위에서 소외되고 가난한 자를 위해 목숨 바쳐 헌신했음을 잊지 말아 주십시오.

　― 빈자의 벗 컵라면 일동

　컵라면의 진심어린 소감에 박수갈채가 터졌다. 인간 몸을 위한 먹거리의 변천은 생명의 신화를 사유하게 된다. 컵라면은 오늘도 사람 몸에 가서 생명을 불어넣는 희생의 불꽃이 되어 타오르고 있다.

　프란치스코 성자가 사람 몸에 가고자 대기 중인 컵라면에게 조용히 물었다.

　"그대는 사람을 위해 언제까지 희생할 셈인가요?"

　사랑의 컵라면이 부끄러운 듯 대답했다.

　"AI로봇이 먹기까지는 계속 희생의 생명음식이 되기를 소망합니다."

　붓다가 빙그레 미소 지으며 그 뜻을 더욱 높였다.

　"AI로봇 사람, 그 다음 AI로봇 부처가 먹기까지 영원한 성자 음식이 되시지요"

수상소감

시처럼 소설을 쓰고 싶었습니다

고맙습니다.

아름다운 계절 5월에 황순원문학관에서 가장 타고 싶었던 상을 받도록 제 작품을 선해 주신 심사위원님께 감사를 드립니다.

시어로 만들어진 감동의 이야기를 진심을 다해 전하고, 황순원 선생님의 서정, 휴머니즘 문학에서 배운 바를 그리고 싶었습니다. 누가 언제 읽어도 가슴이 더워지고 목이 메어오는 '시 같은 이야기' 그런 소설을 쓰고 싶습니다. 이런 포부에 힘을 북돋아 주신 황순원 선생님 문학에 깊은 감사와 존경의 마음을 바칩니다.

심사평

뻥튀어낸 유머 뒤의 해학

컵라면 스스로도 가당치 않다고 성자 칭호를 정중히 사양했으나 컵라면을 생필품으로 여기는 가난한 사람들은 단연코 사발면 편이었다. 심지어 이야기 말미에는 프란치스코 성자와 붓다까지 등장하여 사발면의 공로에 동의하는 도장을 조용히 찍어준다.

이 작품의 장점은 유머일 것이다. 지나치게 뻥튀어낸 유머 뒤에는 단단한 철학이 서 있다. 그것은 현대에 와서 누구를 성자라고 할 수 있으며,

무엇을 헌신이라고 할 것인가, 라는 질문이라 여겨진다. 물론 인간을 빵으로 사는 것이 아니라 말씀으로 사는 것이라는 주민의 말씀과는 위배되는 듯하지만, 그럼에도 가난한 자의 굶주림은 무시할 수는 없을 것 같다.

혹시 이 작가의 엉뚱한 상상력의 뒷면에는 어떤 사상이 있지 않았을까도 추정해 본다. 즉 음식=인간이므로, 사발면으로 생존해가는 약자들에 대한 연민이 저절로 떠오른다.

백성
중앙대 예술대학원 전문작가과정(시 전공) 수료
≪문학나무≫ 신인추천 작품상 시 당선 등단
「문학나무」숲 소설상

은상 수상작 김혜지

누나

"가족끼리 한 잔 하자."

아빠가 속삭였다.

보름달이 환히 밝았지만 핸드폰 불빛 하나에 의지한 산 속은 말 그대로 칠흑 같았다. 칠흑이 정확히 뭔지는 모르지만 여하튼.

아빠가 내 준 소맷자락에 겨우 의지해 걸었다. 돌부리에 무릎을 깨져가며 삼킨 밤안개가 매캐했다. 아빠는 담배를 피우고 있었다. 이 아저씨가 담배 끊었다더니.

"다 큰 놈이 눈도 똑바로 몬 뜨고 손 놓고 퍼뜩 따라 온나."

아빠는 오늘 내내 이상했다. 가족끼리 한 잔 하자니. 일단 나는 미성년자고 가족이면 엄마랑 두 달 전에 태어난 늦둥이랑, 7살 된 해피도 다 데려와야지. 그냥 밤 산책 가는데 데려갈 놈이 나 밖에 없는 걸 누가 모르나 참. 나.

"아빠 술 뭇나?"

손 놓으라면서 손을 비틀어 빼지 않으시는 것도 이상하다. 평소 같으면 다 큰 놈이 징그럽다고 손사래를 쳤을 텐데. 다 컸다고 아빠 품 안에서 벗어난지도 벌써 십 년은 훨씬 넘었다.

아빠는 킬 킬 웃더니 말했다.

"가서 물끼다. 니 인자 몇 살 됐노."

"내년에 열아홉 되는데요."

"술 배울 때 됐다."

"아빠 산에서 술 먹으면 잡히간다든데."

"뭐라카노."

"아인가."

택도 없는 소리라고 비웃는 아빠 얼굴이 어둠 속에서도 느껴졌다. 이미 한참 올라온 거 그냥 군말 없이 따라가기로 마음먹었을 무렵 아빠가 걸음을 멈췄다. 어느새 평지였다.

"아빠."

"어."

"저거 무덤 같은데…."

"어어."

아빠가 나한테 말한 건지 어어 하고, 무덤에 대고 인사한 건지 아리송했다. 왜냐하면 아빠가 한 치의 망설임도 없이 무덤 위에 푹 꼬꾸라졌기 때문이다.

"아빠아!"

"아이고야 내 왔다아…."

난 이번에야말로 아빠가 진짜 돌았거나 술독에 빠져서 정신을 못 차리는 거라고 확신했다. 남의 무덤 위에서 저런 추태를 보이는 게 우리 아빠라니 한밤중이고 산 속이라서 아무도 이 꼴을 볼 사람이 없음에 안도했다.

무덤가는 생각보다 잘 보였다. 내가 어둠에 익숙해진 탓도 있고 보름달이 정말 무덤 바로 위에 떠서 무덤 위에 얼기설기 난 풀잎까지 다 보일 정도로 환해서였기도 했다.

"아 시발."

다행히 아빠는 듣지 못한 것 같았다. 이제는 아빠 덩치보다 작은 무덤을 껴안고 흐느끼고 있었다. 저 아저씨가 진짜 미친 건가.

"아이씨 이제 가입시더 쪽팔리노 진짜…."

"뭐라카노 이 시끼가 니 여어 앉아 봐라."

아빠가 도끼눈을 떴다. 아직 만취 상태는 아니라는 증거였다. 내려가긴 글렀다는 말이다. 취했으면 그냥 들쳐업고 가면 되는 건데.

풀썩 주저앉은 바닥은 역시나 축축했다. 풀벌레 소리랑 바람소리가 으스스했다. 아빠가 말했다.

"술 한잔 따라 봐라."

초록색 술병이 달빛을 받아 매끈하게 빛이 났다. 아빠랑 술을 먹는 날이 오기야 했겠지만 그게 새벽에 남의 무덤 앞에서일 줄이야. 이거 예의범절에 맞는 건가 괜찮은 거야, 이거?

"마시라 그냥 딱 목구멍으로 넘기. 고개는 옆으로 돌리고 그래."

공연히 어색해서 켁켁거렸다. 작년 수학여행 때 애들이랑 숙소에서 몰래 소주랑 맥주를 깠다는 말은 죽어도 못한다.

아빠가 잔을 넘치게 부었다. 그만 마시라고 말리려는데 아빠가 모르는 이름을 불렀다.

"해승아."

그리고 술잔을 무덤 위에 둥글게 기울였다.

"너거 동생 왔다. 니도 인자 술 배울 때 안 됐나. 묵고 살기 바빠가 자주는 몬왔다. 너무 섭섭치 말그라."

아빠가 가슴께가 간질간질한지 콧구멍을 벌렁거렸다. 아빠가 울음을 참고 있었다. 많이 취하지도 않았는데 울려고 하는 건 살면서 처음 봤다.

나는 괜히 어린애들 마냥 따라 울고 싶어졌다.

"아빠 이거 누구 무덤인데."

"너거 누나다."

"아빠 엄마랑 말고 또 결혼했었나."

"머라카노 너거 엄마가…."

아빠가 울컥 목이 메인 채 말을 이었다.

"너거 엄마가 야 낳다가 죽기 직전까지 안 갔나. 그때 의사가 와가지고 수술 해야 한다는기라 수술하면은 아가 죽고 안 하면은 마누라가 죽는다 카데. 빨리 결정 안하면 그냥 둘 다 보내는기고…."

아빠는 더는 말을 잊지 못했다. 대신 숨을 헐떡이며 무덤 위에 이마를 박고 가만히 울고 계셨다 아빠가 어떤 선택을 했는지는 더 말하지 않아도 알 수 있었다.

"쪼매난게 손가락도 다 있고 발가락도 다 있는데 숨을 몬 쉬데 새파래 가지고 우째. … 따뜻하게 해주면 안 되겠나 싶어서 하루 종일 안고 있었는데 눈을 안 뜨데. 엄마만치로 눈도 땡글하고 컸을 낀데 화장하자는 거 내가 안 된다 하고 일로 데리왔다."

무덤은 아기 무덤 치고 많이 컸다. 아빠는 아마도 누나가 성인이 되면 비좁을 것 같아서 크게 만들었을 것이다. 우리 아빤 그런 사람이다. 맨날 얼굴이 시뻘개져서 화만 내고 다니지만 속은 이렇게나 여리다. 그래서 술만 먹으면 울지 않나.

"미안타 미안타 해승아 애비가 못나가꼬…."

나는 잔에 소주를 채웠다.

아무래도 일찍 산 아래로 내려가기는 그른 것 같다. 그래도 뭐 평생 있는 줄도 몰랐던 혈육을 만났는데 그게 대순가. 아빠랑 셋이서 할 얘기가 많을 것이다. 나는 '누나'를 가만히 불러보았다.

수상소감

글을 써보라는 격려

어릴 적 황순원 작가의 소나기를 읽고 자란 아이가 어느덧 어른이 되어 글을 쓰게 되었습니다. 훌륭한 작가님들이 많이 계시기에 경험이라는 생각으로 도전한 공모전이었는데, 이렇게 상을 받게 되어 영광입니다. 앞으로 포기하지 말고 글을 써보라는 격려와 응원으로 알고 감사히 기뻐하겠습니다.

심사평

유머의 축이 서 있는 작품

한밤중, 보름달 아래, 무덤이란 설정은 으스스하여 '귀신'이라도 등장할 만하지만 서사는 유머를 통해 숨겨진 가족사를 드러낸다. 구조가 겹겹의 갈등으로 잘 짜여 있는 작품이다.

가장 도드라진 것은 대사와 지문이다. 사투리로 이루어진 대사와 화자의 내면 목소리가 한 축이고, 세대차 간극도 한 몫을 한다. 나아가서는 이 모든 기이한 사건은 엄마의 목숨과 태아의 목숨, 즉 죽음과 삶의 기로에서 선택이란 비극성에 근거하는데, 그 아이는 '해승'이란 이름을 가지고 무덤을 소유한다. 화자는 그 만나보지 못한 아이를 '누나'라고 가만히 불러본다. 마지막 문장이 빛난다!

전체적으로 문장이 생생하게 살아 있고, 글솜씨가 유려하다. 무엇보다도 이 모든 갈등 구조를 능숙하게 넘어가는 유머가 돋보인다.

김혜지
1990년 출생
2021 비정기 문예 계간지 《계간작가》 2호 참여

은상 수상작 윤덕남

달

　시간이 지나면서 지구는 멍텅구리가 되었다. 이상기온이 일어나고 곳곳이 물과 바람과 눈에 더 이상 지구를 살만한 곳이라고 떠들지 않았다. 기온만이 문제가 아니라 곳곳이 지진과 해일 그리고 이상한 병균이 하루가 멀다 않고 사람들을 괴롭혔다. 이러한 지구에 더 이상 희망이 없다고 생각한 사람들은 저마다 우주선을 만들어 지구를 탈출하였다. 우주선에는 지구의 흙과 집을 지을 기구들, 마실 물, 씨앗들, 그리고 여러 가지 필요한 물품들을 실었다. 우주선의 목적지는 바로 달이었다.

　달에 도착한 각 나라의 우주선들은 달표면을 뚫고 들어가 그곳에 안식처를 마련하였다. 우주선 밑으로 구멍을 뚫어 지구에서 가져온 모든 것들을 새로운 안식처에 저장하고 안식처를 더 넓히기 위해 구멍은 좀 더 깊이 들어가고 좀 더 여러 곳으로 뻗어나갔다. 지구에서 가져온 씨앗들을 위해 지구의 흙이 달 속 깊숙한 곳에 깔리고 천장에는 온종일 밝힐 수 있는 특별한 전구들이 달렸다. 달 속에는 이미 발굴작업을 통해 여러 가지 유용한 암석들이 있다는 것을 알게 되었다. 달은 순식간에 수많은 구멍들이 뚫리고 어느 곳에서는 자신들의 영역이라며 싸우는 곳도 나타났다.

　달 깊숙한 곳에 다다르자 사람들은 그곳에서 이상한 것을 발견하였다. 그것은 장미꽃을 가슴에 품고 죽은 한 거대한 토끼였다. 토끼는 지구의 토끼와는 달랐지만 귀가 토끼처럼 축 늘어진 귀였다. 이상한 것이 너무 많았는데 토끼가 들어온 구멍이 없다는 것이고 어떻게 장미가 하나도 마르지 않고 토끼의 품에 놓여 있느냐 그리고 사람처럼 팔과 다리가 있는 토끼는 왜 죽었을까? 하는 것이었다.

사람들은 인간이 퇴화하여 토끼가 된 것이라고 말하면서 죽은 토끼를 해부해 보자는 결론에 다다랐다. 그래서 지구에서 의사였던 사람들이 곧 해부해 보기로 하였다. 그런데 놀라운 사실이 나타났다. 그것은 장미가 토끼의 몸으로 뿌리를 내리고 있다는 것이었다. 토끼처럼 흰 털을 뒤집어 쓴 거대한 토끼의 가슴 속으로 장미의 뿌리가 가느다란 실뿌리들이 뻗어 있었다. 장미가 죽지 않고 살아남은 사실을 알게 된 사람들은 이것은 달의 기념비적인 사건이라며 거대한 토끼가 누운 곳은 더 이상 손을 대지 않고 다른 곳으로 구멍을 뚫으며 나아갔다.

시간이 지나고 몇 세기가 지나자 지구는 더 이상 살 수 없는 곳이 되었다. 지구는 모든 지역이 물로 뒤덮이더니 새로운 빙하시대가 다가와 꽁꽁 얼어붙은 지구가 되어 버렸다. 지구의 지하로 들어갔던 사람들과의 통신도 두절되었다. 다행스럽게도 달에 새로운 세계를 펼친 사람들은 그럭저럭 삶을 연명해 나갔다. 지하에서 자라는 식물들은 지구처럼 크고 맛있는 과일을 맺히지는 않았지만 그런대로 야채라고 할 수 있는 과일들을 맺혔다. 그리고 새로운 기술이 발전하면서 많은 양의 물을 생산할 수 있는 기계도 만들어졌다.

그런데 이상한 현상들이 사람들에게 나타났다. 태어난 아이들이 토끼처럼 축 늘어진 귀에 흰 털을 뒤덮고 태어났다. 눈동자도 빨갛게 물들었다. 사람들은 왜 이러한 현상이 나타나는가를 연구해 보았다. 유전자를 분석해 보고 달에 흐르는 먼지입자들을 채집하여 분석해 보고 달 지하세계에 대한 다각적인 연구가 이루어졌다.

사람들은 결론적으로 달의 모든 것들을 분석해 본 결과 토끼와 유사한 인종들이 나타난다는 것이었다. 그래서 이것은 달에 가장 적합한 토끼의 형태로 변형된다는 사실을 알게 되었다. 사람들은 달에 토끼가 살고 있다는, 토끼들이 절구에 곡식을 넣어 빻는 토속신화를 이야기하면서 이것은 참으로 신비한 현상이라고 말했다. 사람들은 더 이상 옷이 필요 없게 되었고 물을 싫어하고 목욕을 싫어하고 야채 중에서도 당근을 무척 좋아하게 되었다. 그리고 이상한 유행이 번졌는데 그것은 장미를 가슴에 다는 것이었다. 장미를 가슴에 붙이고 다니는 것이 일차적인 유행이었는데 시간이 지나고 지나자 무덤에 누운 사람들에게 장미를 놓아주는 유행이 일어났다. 관도 필요 없이 지구의 카타콤처럼 지하의 한 곳에 굴을 파고 그곳에 공동무덤으로 삼았다. 죽은 자들은 썩지 않았다. 공동무덤에 누운 토끼, 사람들의 가슴에 놓아둔 장미는 뿌리를 뻗으며 죽은 자의 가슴에서 영양분을 섭취하여 살아남았다.

  달의 정치, 문화, 사회, 종교, 교육은 모두 거대한 토끼의 원형에서 시작되었다. 지구에서 가져온 역사도 더 이상 달의 역사에 포함될 수 없었다. 지구의 역사는 신화로 변형되었고 달의 역사가 그 신화를 토대로 새로운 역사를 쌓아가고 있었다. 달의 곳곳마다 당근 냄새가 진동했고 귀가 축 늘어진 흰 털을 뒤집어 쓴 혹은 얼룩진 털을 뒤집어 쓴 그리고 가슴에 장미꽃을 단 거대한 토끼들이 지하세계를 차지하고 있었다.

  사람들은 스스로 달의 인종이라는 새로운 이름을 다는 것을 낯설게 여기지 않았다. 그래서 지구인이라는 말은 사라지고 달인이라는 새로운 이품을 달게 되었다. 달인, 월인, 달의 달력, 달의 춤, 달의 신화, 달의 시간, 달의 그림자 등등 달이 달라붙은 언어들을 서슴없이 내뱉었다. 달은 죽은 듯이 보였지만 달 속 지하세계는 지구에서 탈출한 사람들이 토끼가 되어 살아가고 있었다.

> **수상소감**
>
> **지구를 걱정하는 마음으로**
>
> 겨울이 지나고 봄이 찾아오자 내 주위의 모든 것들이 색깔을 입기 시작했다. 문학은 사계절을 모두 가진 글이라고 생각한다. 내가 지향하는 소설도 사계절을 모두 갖고자 하는 마음이다. 스마트 소설 「달」을 쓰면서 나는 지구를 걱정하는 마음이었다. 사계절이 사라지는 지구가 되어가고 있어 달로 도망쳐야 할지도 모르는 일이다. 달로 도망친 인간들이 토끼로 변해가는 생각은 달에 토끼가 살고 있다는 오래된 이야기에 비롯된 것이다.
>
> 황순원 소설과 황동규 시를 좋아한다. 그분들이 이루어 놓은 문학의 나무는 언제나 푸르고 아름다울 것이라 생각한다. 나의 소설 「달」도 문학의 나무에서 하나의 나뭇잎이 되어 살랑거리다가 언젠가는 낙엽이 될 것이다.
>
> 스마트 소설이라는 참으로 멋진 경험을 하게 되어 기쁘고 거기에 상까지 받게 되어 더욱더 기쁘다. 부족한 글을 선택해 주신 심사위원에게 감사를 드린다.

> 심사평

토끼라는 은유의 가능성

 SF 공상과학소설을 시도하고 있는 점은 신선하나 비문의 문장이 거슬린다. 일반적으로 소재가 허구 쪽에 가까울수록 더욱더 적확한 문장이 요구되는 법이다. 현실과의 접점이 단단하면서도 예리해야지만 설득력을 획득할 수 있기 때문이다. 그런 면에서 보완이 필요해 보인다.

 이 작품에서 흥미로운 점은 지구에서 가져오지 않은 토끼가 달에서 발견된다는 설정이다. 토끼라는 은유를 어떻게 볼 것인가? 아마도 그에 따라 작품의 깊이와 묘미가 결정된다고 하겠다. 여러 해석의 가능성을 열어 둔 방식이 문학적이다. 지구에서 가져온 역사, 그 어떤 것도 달에서는 포기할 수 없었으나, 오직 장미를 가슴에 품고 죽은 토끼는 달의 모든 것, 정치, 문화, 사회, 종교, 교육의 원형이 되었다고 하니, 어떤 연유 때문인지 궁금하다.

윤덕남
1969년 충남 청량 출생
2014년 《시인동네》 신인문학상 당선
2019년 《경상일보》 신춘문예 단편소설 「명혼의 음악」 당선

동상 수상작 박지환

수목장

"짝."

타버린 고목나무 같은 할머니의 손바닥이 허공을 가르더니 작은 아빠의 왼쪽 뺨을 후렸다.

"수목장은 뭔 수목장이여!"

세 봉우리가 하늘 높이 솟았다고 해서 이름 지어진 삼봉리, 빈집밖에 없는 시골 마을 경사스런 팔순 생일을 맞은 우리 할머니는 한 대 더 올려붙일 기세였다. 화를 주체 못한 나머지 누가 말릴새도 없이 텔레비전 옆에 세워놓은 손바닥만 한 가족사진마저 찢어버렸다. 족두리를 머리에 올린 아기가 웃고 있는 우리 막내 고모 돌잔치 때 찍은 가족사진이었다.

"어머니! 당최 왜 그려."

큰며느리는 마구잡이로 휘두르는 시어머니 팔뚝에 행여 본인도 맞을까 엉거주춤한 자세로 찢어진 사진 조각을 모았다.

"엄마!"

70년 개띠, 근 40년 만에 엄마에게 뺨따귀를 맞은 작은 아빠는 짧게 엄마를 부르곤 말끝을 흐렸다. 예순이 된 아빠와 덩치 큰 사촌 동생이 도끼눈을 뜬 할머니를 말리려 달려들었다. 두 어깨가 수목장을 찾으며 소리 지르는 생신 잔치 주인공을 이름뿐인 큰방에 모시고 나서도 한참이나 그 방은 복작거렸다.

엄밀히 이 문제를 따지고 들자면 이미 타계한 우리 할아버지 때문이다. 땅값은 본인이 치르고 복덕방에 큰조카를 보내 조카가 노욕을 부리지 않을 수 있겠는가? 여느 까막눈 시골 노인들이 그러듯 내막은 모른 채 그러려니 넘겼을 테고, 권리 위에 잠자던 우리 할아버지는 본인이 산 조카 땅 아래서 영면에 드셨다. 의심 많은 우리 아빠가 등본을 떼보고서야 땅 주인이 할아버지의 큰조카, 그러니까 당숙 어른인 것을 알게 됐지만 함부로 할 수는 없었다. 그 땅엔 우리 증조할아버지와 할머니는 물론 이미 돌아가신 할아버지의 형님 내외도 누워계셨기 때문이다. 그러니 이 집이나 저 집이나 자식들은 물도 잘 안 빠지는 선산 때문에 골이 아픈 것이고 명절마다 당숙 어른을 비롯한 불편한 친척들과의 조우가 지금까지 이어지게 된 것이다.

"아니, 화장해서 만경강에 뿌리라고 할 때는 언제고…"

작은 아빠는 마당에 키우는 하얀 암탉이 새벽에 낳은 갓 꺼칠한 달걀을 연신 얼굴에 문댔다.

"둘째 아들이 맨맛하게 그런 거 아닐랑가요?"

이 와중에 오빠는 히죽히죽 웃으며 작은 아빠에게 장난을 쳤다.

어찌보면 그 할머니와 친한 작은 아빠가 가족을 대표해서 할머니에게 수목장 얘기를 꺼낸 것이다. 물론 본인 성질이 급한 것도 한몫했지만 가족들 모두 손바닥만 한 땅덩어리에 얽힌 불편한 명절에 학을 떼던 중이었다. 오래간만에 마주하는 가정 내 폭력 사태에 웃겨 죽는 오빠와 달리 살벌한 집안에 잘못 시집온 마음 약한 작은 엄마의 눈가엔 눈물이 일렁였다.

"에잇, 야 뚱땡아! 빨리 가자."

상황이 얼추 정리되자 아빠는 오빠에게 차키를 던지며 말했다. 12명에 이르는 식솔들 모두 심통을 아랫목에 감춘 할머니께 인사를 올렸다. 아직 화가 풀리지 않으셨는지 창문을 보고 옆으로 누워계셨다. 새로 생긴 미용실에서 파마를 하곤 젊은 여사장이 파마 값으로 10만 원을 달라고 해서 가슴이 '시큼'했다는 할머니는 두 살 먹은 토끼 같은 막내 손주들이 인사한다며 웅얼대자 힐끗 문 쪽을 쳐다보셨다.

"그려, 조심히 가"

"어? 핸드폰 놓고 왔다"

차에 올라탄 오빠가 양쪽 주머니를 손으로 비비더니 탄식했다.

"아 이 뚱땡이가 한두 번도 아니고 집만 나오면."

아빠는 큰일이라도 난 것처럼 짜증을 냈지만 사실 오빠가 우산이며 지갑 같은 것을 여기저기 놓고 다니는 건 연례 행사라 뭐라 할 일도 아니었다.

"동생아, 네가 갔다와야 쓰것다."

우리 오빠는 할머니한테 포크로 허벅지를 찔린 전력이 있었다. 작년 설인가 식후 과일을 먹던 중이었다. 할머니가 어깨가 아파 엑스레이를 찍어보니 뼈가 검어서 놀랐다고 하자 위로는커녕 "할머니 무슨 오골계도 아니고 뼈가 검어요."라고 입방정을 떨다 과일 포크로 안쪽 허벅지를 찔렸던 것이다.

"땅땅해서 안 아플 줄 알았는디 아픈가비네."

오빠는 집 가는 열차에서 다음엔 할머니가 포크로 목을 찌를지도 모른다고 중얼거리더니 오늘은 그날 같은지 무서워하는 것이었다.

"이것 빠져서 다시 왔냐?"

통상 자식들이 놓고 간 옷이나 핸드폰 충전기 같은 것들을 쇼핑백에 넣어 건네는 분이 인기척도 없었다. 딱히 조용히 들어온 것도 아닌데 대청에 이르기까지 할머니는 나오지 않으셨다. 대신 큰 방에선 수원 사는 막냇동생과 통화하는 할머니의 힘 빠진 목소리만 문풍지 사이로 흘러나왔다.

"잡것들이 긍게 말이여, 하여간 나 가고 나면 즈그들끼리 다 넘이지 친척이간? 내가 거기 들어가야 지들이 비기 싫어도 가끔 보는 것이지…. 수목장은 뭔 수목장이여."

수상소감

격려와 응원에 감사합니다

누추한 글에 귀한 상을 주셔서 감사합니다.

제 글이 발상부터 남다른 타 수상작과 함께 상을 받을 자격이 있는지 모르겠습니다. 그저 문학을 사랑하는 젊은 세대에 대한 격려와 응원이라고 자념하겠습니다.

우연히 이 글을 만난 모든 분들이 서툴고 투박했던 우리네 어머니의 녹진한 사랑을 떠올리는 계기가 됐으면 하는 바람입니다.

심사평

해학적인 인물이 돋보인다

　수목장을 중심으로 엮은 재밌는 리얼리즘 소설이다. 이 작품의 매력은 탄탄한 문장과 해학적 인물에 있다. 현대에 와서 나무가 산소를 대치하고 있는 상황에서 할머니는 전통 방식을 우기고 있고 가족들은 모두 수목장을 선호하고 있다. 젊은이들은 실용성을 중시여기고 있지만, 투정 부리고 있던 할머니는 사실 자신이 떠나고 난 후의 시간을 걱정하고 있었던 것이다. 우리 시대에 누구나 겪고 있는 가족 간의 갈등을 재치있게 풀어낸 수작이다.

박지환
연세대학교 신과대학 신학과 4학년

최준우 교수 칼럼

다만 악에서 구하소서!

우리는 지난날 어린 아이였다. 시간이 흘러서 어른이 되었고 아기를 낳았다. 이것은 아주 오랫동안 반복되어 온 인류의 역사이다. 만약 어른이 되어도 아기를 낳지 않는다면 인류는 멸망하였을 것이다.

이 영화는 살인(청부업)자들의 이야기이다. 살인자들의 이야기가 어떻게 해서 의미를 얻는가. 영화는 아무 이유 없이 생명을 빼앗는 자를 '멸(滅)'함으로써 최소한의 의미를 담보하는 동시에 죽음과 마주한 삶에 대한 의지로 인남(황정민)이 어떠한 방식으로 그의 어린 딸을 살리고 죽을 것인가에 대한 궁금증으로 전개에 대한 동력을 얻는다.

사람을 죽인 자 또한 결국 살아남지 못할 것이니 아이를 구할 자는, 유이(박정민)가 자신의 아이 사진이 담긴 핸드폰을 인남에게 내밀 때 유이가 바로 그임을 어렵지 않게 눈치 챌 수 있다. 또한 인남은 끈질기게 도움을 청할 것이고 유이는 갈등 끝에 인남을 도와줄 것이라는 것을 예상할 수 있다. 왜냐하면 둘은 (살인자와 트렌스젠더를 꿈꾸는 자임에도) 아이가 있다는 강력한 공통점을 가지고 있기 때문이다.

그러면 이제부터 우리는 황정민과 이정재의 액션만 즐기면 되는 것인가?

영화는 '생명'을 해치는 자를 '멸(滅)'함으로써 이야기를 시작한다. 구로다의 살인을 청부하는 의뢰인은 구로다 뿐만 아니라 레이까지 제거해야 여성을 해치는 자를, 즉 생명을 해치는 무리를 완전히 멸할 수 있다는 것을 알고 있다. 하지만 살인에 환멸을 느끼고 있는 인남에게 더 이상 레이에 대한 살인 청부를 하지 못함으로써 죽임을 즐기는 자를 죽이지 못해서 많은 죽음을 목도해야 하는 인간 사회의 모습을 보여준다. 우리의 자정 능력은 어디까지 실행되고 있는가.

　근대 인간평등/인간존중에 대한 자각 이후 인종의 평등, 계급의 평등이 제기되었다. 이와 더불어 줄곧 제기되어 왔고 2000년대 들어 더욱 활성화되고 있는 성의 평등에 관한 여러 논의와 사회현상을 염두에 둘 때 박정민의 여장 남자의 역할은 감독이 우리에게 던지는 하나의 물음이다. 부산행과 설국열차의 마지막 부분에서 인류(또는 하나의 인간집단)의 멸망 직전에 구사일생으로 살아난 아이를 보호하는 이는 여성이다. 이 영화에서의 그것은 여성인가? 남성인가? 여성성에 대한 사회 인식이 변화해야 한다면 그것은 곧 남성성의 변화도 수반해야 하지 않을까?

　우리가 약한 자를 보호한다는 그리고 보호해야 한다는 맥락에서 영화 후반부 호텔에서의 의사 등장 장면은 약간은 생뚱맞지만 병에 걸린 아이를 치료하고 돌보는 이는 '의사'이지만 결국 아이를 살리는 이는 부모, 즉 부모가 가지고 있는 한 생명에 대한 무한하고 조건 없는 사랑이 약한 이를 보호하는 것의 핵심임을 제시하는 것으로 보인다.

　인류가 멸망하지 않은 이유는 계속해서 아기를 낳았기 때문이 아니라 자신의 아기 그리고 우리들의 아기를 낳고 기르면서 끊임없이 삶의 의미를 발견하기 때문임을 황정민의 마지막 대사 "유민을 만나고 나서 처음으로 살고 싶어졌다"에서, 그리고 일용할 양식을 구해서 유민의 손을 잡고 어두운 곳에서 밝은 곳으로 나아가는 장면을 통해 확인할 수 있다.

　영화가 끝나고 엔딩 크레딧이 올라가면 자리를 박차고 일어서며 내뱉는 주위의 말 "아이가 불쌍해", "뭐야? 이런 영화가 다 있어. 아이를 가지고 말이야"라는 반응에 우리는 조용히 기도할 뿐이다.

　"다만 악에서 구하소서!"

인공 지능시대와 인문학

　일본은 우리와 매우 가까운 나라이다. 특히 일본은 우리사회의 변화에 늘 주목하고 있다. 그에 비하면 일본에 대한 우리의 주의는 그렇지 못하다. 그런데 최근 일본 사회에서 우리가 주목할 만한 일이 있다. 그것은 바로 대학입시제도 폐지를 바탕으로 하는 교육혁명이다. 동아시아에 주입식교육으로 대표되는 입시교육체계를 정착시킨 일본이 2013년 시범적으로 100년 이상 유지해온 대학입시제도를 폐지하고 유럽의 바칼로레아를 본딴 논술시험으로 대입제도를 대체하는 교육혁명을 단행하였다. 이 제도는 2021년 완성되었다. 이 제도에 대하여 프랑스식 바칼로레아를 흉내낸 것에 불과하다는 평가도 있지만 간과할 수 없는 중요한 점은 일본이 교육혁명을 단행했다는 그 자체이다.

　일본의 새로운 입시제도인 국제 바칼로레아는 제시문도 주어지지 않은 채 질문만 주어진다. 응시자는 질문의 답을 1800자 내외의 논술문으로 작성해야 한다. 우리나라처럼 정해진 교과서와 참고서를 중심으로 학습한 후 객관식 시험에서 답을 찾는 방식으로는 해결할 수 없는 문제 유형인 것이다. 1800자 내외의 논술문을 작성하기 위해서는 고전, 인문학, 과학기술 서적을 비롯한 다양한 책들을 섭렵하고 수많은 주제를 바탕으로 토론하고 논증하는 훈련이 평소에 이루어져야 한다. 일본이 이렇게 교육혁명을 단행한 결정적 이유는 지금까지의 교육체계로는 다가오는 제4차 산업혁명시대와 인공 지능시대를 대비할 수 없다는 이유에서이다.

　그렇다면, 지금까지의 교육은 무엇을 위한 것이었나? 『에이트』의 저자 이지성은 그의 책에서 근대 이후 현재까지의 교육체계는 산업혁명과 전쟁에 필요한 노동자와 군인을 양성하기 위한 것이라고 말하고 있다. 그것의 근거로 공장, 군대, 학교에서의 제도의 유사성을 제시하고 있다. "군대의 상관은 부하들에게 명령을 내리고 부하들은 그것을 기계처럼 수행한다. 공장의 장은 휘하 노동자들에게 일방적으로 작업지시를 내리고 노동자들은 그 지시를 기계처럼 수행한다. 교사는 학생들에게 일방적으로 지식을 전달하고 학생들은 그 지식을 기계처럼 암기한다." 이지성은 이러한 기계적이고 형식적인 교육체계로는 미래의 인공 지능시대를 대비할 수 없으며 오히려 인간이 인공 지능에 의해 대체될 수 있다고 경고하고 있다.

그렇다면, 미래의 인공 지능시대를 대비할 수 있는 교육에는 어떤 것이 있을까? 이지성을 비롯한 많은 연구자들이 그것의 해결책으로 인문학을 제시하고 있다. 연구자들은 인공 지능이 아무리 뛰어나도 공감 능력과 창의력은 갖출 수 없다고 말한다. 그렇다면 우리 인간이 인공 지능이 대체할 수 없는 공감 능력과 창의력을 갖춰 나가는 길에는 무엇이 있을까? 많은 학자들은 이것에 대한 유일한 해결책을 인문학에서 찾는다. 인문학, 특히 동서양 고전 탐독을 통하여 인간의 본질을 탐구하고 이해하는 것이 미래 사회에서 인공 지능에 대체되지 않는 인간의 주체성을 확보하는 길이라고 말한다.

치열한 경쟁 사회에서, 인문학을 공부하는 것이 단순한 지식 습득이나 경쟁력 확보가 아니라 미래 사회에서의 생존을 위한 필수적인 일임을 우리는 자각할 필요가 있다.

인공 지능시대를 대비하는 우리의 자세

"챗GPT, BARD(바드)" 2023년에 우리에게 한층 더 다가온 AI를 대표하는 단어들이다. 챗GPT와 BARD(바드)를 구체적으로 활용하지는 않는다 하더라도 이름 정도는 들어보았을 것이다. 많은 미래학자들이 인공 지능의 성능은 우리의 상상을 넘어설 것이라고 예견하였다.『에이트』의 저자 이지성은 컴퓨터의 출현이 손수레라면 인공 지능의 출현은 우주 로켓에 비견할 만하다고 하였다.

실제로 현재의 많은 인공 지능 개발자들은 인공 지능 개발 속도에 놀라고 있다. 동시에 스스로 입법 정부에 인공 지능 규제 법안을 만들어야 한다고 주장하고 있다. 인공 지능 개발자들이 인공 지능 규제 법안을 만들어야 한다고 주장하는 것이 일견모순으로 비치기도 한다. 하지만 자동차를 예로 들어 생각하면 이해가 어렵지 않다.

자동차 회사들은 더 빠른 자동차를 만드는 데에 경쟁하지만 동시에 정부는 속도 제한 법규를 만든다. 속도제한 법규가 있기에 우리는 안전한 교통 생활을 할 수 있다. 빠른 속도에서의 자동차가 얼마나 위험한지는 일반인보다 오히려 자동차 개발자들이 더 잘 알고 있다. 이런 맥락에서 인공 지능 규제 법안 제정을 바라본다면 그들의 주장을 충분히 납득할 수 있다.

최근 유럽 연합에서는 인공 지능에 대하여 '허용할 수 없는 위험', '고위험', '제한된 위험', '저위험 또는 최소 위험' 등 4단계의 위험도로 분류하고, 이 중 '저위험 또는 최소 위험'을 제외한 나머지 3단계에 대해 단계별 규제를 부과하는 법안을 통과시켰다. 이 법안의 핵심은 사람들의 안

전·생명·권리에 명백한 위협이 되는 유해한 인공 지능을 '허용할 수 없는 위험' 단계로 분류해 유럽연합 내에서 사용하는 것을 금지한다는 것이다.

인공 지능을 이렇게 법으로 규제한다고 해서 인공 지능이 인간에게 해를 전혀 주지 않는 것은 아니다. 자동차 운행에 속도제한을 두더라도 교통사고 사망자가 생기는 것처럼 말이다. 자동차의 출현 자체가 일정부분 사고를 전제하고 있다. 마찬가지로 인공 지능의 출현은 일정부분 인공 지능의 인간 대체를 전제로 하고 있다. 우리는 교통사고로 인한 피해를 막기 위해 여러 활동을 하는 것처럼 인공 지능에 대체되지 않기 위하여 여러 활동을 해야 한다.

그럼 인공 지능에 대체되지 않기 위해서는 어떤 활동을 해야 할까? 전문가들은 생각할 필요가 없는 직업은 인공 지능에 의해 대체될 것이라고 한다. 최근 키오스크가 계산원을 대체한 것이 하나의 예이다. 따라서 우리는 사고력을 길러야 한다. 하버드 대학교는 150년 이상 글쓰기 수업을 강조해왔고 그곳의 토마스 젠 교수는 사고력을 기르는 방법은 독서와 글쓰기가 유일하다고 하였다.

또한 디지털 기기에 대한 절제력을 길러야 한다. 잡스·빌게이츠를 비롯한 미국 실리콘벨리회사의 임원들은 그들의 자녀가 15세가 될 때까지는 절대 스마트폰을 사용하지 못하게 한다. 그들이 디지털 기기의 개발자로서 그것의 부작용에 대해서 잘 알고 있으며 그들은 그것에 대하여 회사 구성원과 그들의 가족에게 교육을 한다. 그 교육에서는 언제든, 어디서든 디지털 기기에 대한 사용을 당장 중단할 수 있는 능력을 강조한다고 한다.

우리는 일반인으로서 미래의 AI사회를 구체적으로 알지 못한다. 그렇기 때문에 AI사회에 대한 동경과 막연한 두려움을 동시에 가지고 있다. 하지만 독서·글쓰기를 통해 사고력을 향상시키고 디지털 기기에 대한 절제력을 기른다면 AI사회에 대한 두려움을 떨칠 수 있을 것이다.

실질 문맹과 미디어 리터러시

다음 단어의 공통점은 무엇일까? '사흘, 금일, 심심(한 사과)' 이 단어들은 최근 다른 뜻으로 오해받은 단어들이다. 사흘은 '3일'이 아닌 4일로, 금일은 '오늘'이 아닌 금요일로, 심심은 '매우 깊고 간절한'이 아니라 무료하다는 뜻으로 잘못 해석되었다. 심지어 한 학생은 과제 제출의 기한을 '금일 자정'으로 알려주신 선생님께 '학생을 평가하는 위치에 있으면서 오해의 소지가 있는 단어를 사용하면 안 되는 거 아닌가요?'라고 따져 묻기도 하였다.

최근 디지털 기기의 발달과 함께 문장해석 능력에 대한 문제의식이 높아지면서 '미디어 리터러시'에 대해 관심이 높아졌다. 미디어 리터러시는 미디어에 대한 접근능력을 기본 전제로 한다. 그러나 미디어에 대한 접근과 활용 능력이 뛰어나다 할지라도 기본적인 리터러시(문장을 읽고 이해하며 또한 표현하는 능력)를 갖추지 못한다면 미디어 리터러시를 논하는 것 자체가 무의미하다.

'리터러시'를 논하면 같이 언급되는 것이 '실질 문맹'이다. 2022년 한국 사회에서 '문맹'이란 단어는 이제 그 실체를 잃은 단어이다. 국어관련 단체에서도 더 이상 한국사회에서의 문맹률을 조사하지 않는다. 그런데 이때 새롭게 등장한 개념이 '실질 문맹'이다. 글자를 읽을 줄은 알지만 그 뜻을 제대로 이해하지 못하는 현상이 우리 사회에서 심심치 않게 나타나기 때문이다. 바로 위와 같은 사례가 그것의 예이다. 현 사회에서 실질 문맹의 의미는 과거 우리 사회에서의 문맹의 의미와 크게 다르지 않다.

과거 우리사회는 문맹 퇴치를 위해 부단한 노력을 했다. 그것은 문맹이 단순히 글자를 모르는 차원을 넘어서는 심각한 문제를 내포하고 있었기 때문이다. 과거 약의 오남용을 막기 위해 새롭게 만들어진 약병에 쓰인 문구인 '눌러서 돌리시오'라는 문장을 읽지 못하여 결국은 죽음을 맞이한 이야기는 너무도 널리 알려진 이야기이다. 조선 시대 글자를 몰라 땅을 빼앗긴 이가 억울함을 풀기 위하여 사또를 찾아가 탄원을 하는 이야기는 당시 송사 소설의 주요 소재였다. 이처럼 문맹은 경제적 피해뿐만 아니라 목숨까지 잃을 수 있는 주요 원인이었다.

그런데 문맹은 단지 한 개인이 피해를 입는 데에서 끝나지 않는다. 문자언어를 통한 독해력의 부재는 사고의 부재를 수반한다. 사고의 부재는 윤리의 부재로 이어지고 이것은 엄청난 재앙을 불러올 수 있다. 대표적으로 유대인 학살의 주범인 '아돌프 아이히만'의 예에서 그것을 찾을 수 있다. 미국의 정치철학자인 한나 아렌트는 아돌프 아이히만의 악의 본질을 생각의 부재에서 찾았으며 그가 사용하는 평범 한 단어와 문장, 즉 상투어와 관제어를 그것의 증거로 제시하였다.

리터러시의 부재는 곧 실질 문맹으로 이어진다. 현대의 '실질 문맹'은 과거와는 또다른 피해를 예고한다. 그것은 다가오는 제4차 산업혁명시대에서의 인공 지능에 의한 대체 또는 지배이다. 많은 미래학자는 생각할 필요가 없는 직업은 반드시 인공 지능에 의해 대체된다고 예상하고 있다. 우리가 미래사회에서 로봇에 대체되는, 심지어 로봇에 의해 지배당하는 끔찍한 일을 겪지 않으려면 수준 높은 리터러시 능력을 갖추어야 할 것이다.

편지글

Sophia의 편지

　이번 여름 저를 따뜻하게 맞아주신 엄마, 아빠, 오빠, 언니께 다시 한번 진심으로 감사드립니다. 여러분의 따뜻한 마음과 친절 덕분에 작년에 보냈던 최고의 날들을 다시 한번 경험할 수 있었어요. 조금이라도 더 함께할 수 있다면 얼마나 좋을까요.

　각자 바쁘고 중요한 삶이 있음에도 불구하고 저와 시간을 보내주시고 전주 곳곳을 함께 다니며 많은 것을 보여주셔서 정말 감사해요. 이 도시가 작년보다도 더 아름답게 느껴진다는 게 믿기지 않아요.

　앞으로 아빠의 학문과 작가로서의 여정(혹시 캘리포니아에서 강의하신다면 그때 만날 수 있겠죠?), 엄마의 새로운 일과 속에서의 설렘, 오빠의 미래와 군 복무, 그리고 언니의 초등교사로서의 여정 모두 잘 풀리기를 진심으로 응원합니다.

　우리 다시 꼭 만나요. 다음에는 제가 초대할게요! 샌프란시스코에서 만나요. 제가 안내하면서 예쁜 꽃도 보여드리고, 맛있는 것도 많이 먹어요. 스탠퍼드도 함께 구경하고(기숙사 식당에서 밥도 먹어요. ㅎㅎ), 골든게이트 브릿지도 보고, 샌프란시스코의 유명한 디저트 가게들도 봐요. 샌프란시스코는 미국에서 음식으로 유명한 도시 중 하나예요.

　곧 다시 만나요.
♡ sincerely, 푸 소피아 :) jeonju(전주) July-25 '25 ♡

생활시

이 별
-홈스테이 미국소녀 소피아를 보내며-

최준우

나의 딸 소피아
무슨 말을 어떻게 건네야 할지 모르겠어
이별이 정해진 만남은 이렇게 가혹한 것이구나

한국 사람이면 수도 없이 들었을 그 단어
미국
아메리카
USA

하지만
너를 만나기 전까진 그것은 하나의 추상명사였어

아주 오랜 시간 수많은 글과 텔레비전을 통해 보아왔던 아름다운 나라
그 곳 하지만 그것이 나랑 무슨 상관이었겠어

그런데
너로 인해 나의 세계관은 완전히 바뀌었어
샌프란시스코는 내안에 들어와 있고

나의 그리움은 너를 따라 덴버, 인디애나까지 가고도 남을 거야

인간은 참으로 위대하구나

이별의 순간
너의 엄마가 너에게 낮은 소리로 읊조리던 말
가지 마, 가지 마
시간이 되면 한 치의 여유도 없이 떠나야하는 너를 두고 차마 꺼내지 못한 말
쏟아지는 눈물

너를 보내고 돌아오는 고통스러운 길
네가 없는 빈 방
네가 없는 산책길
네가 없는 그 많은 맛집들

귓가를 맴도는 너만의 독특한 한국말
그리고
웃음소리

얼마의 시간이 필요할까
너에게
굿바이라고 말하기 위해서는

일기

육아 일기

2003년 2월 24일 월요일

아기가 태어난 지 다섯 이레가 지나고 여섯 이레째 접어들고 있다. 아기가 벌써부터 목을 가눈다. 가누는 정도가 아니라 고개를 빳빳이 쳐든다. 약 10일 전부터 엎어놓으면 얼굴을 조금씩 들더니 어제는 얼굴을 들고 한 번도 내리지 않았다. 너무 힘들 것 같아 내가 다시 뉘어놓았다. 난 처음이라 아내에게 말했더니 아내가 볼 때도 가끔 그런단다. 어제 친구네가 다녀갔다. 왜 아직도 모빌을 달지 않았냐고 해서 그들이 가고 난 후 바로 달았다. 아기가 쳐다보는 것 같다. 음악소리에 반응하는 것 같기도 하고. 아기 볼에 가까이 대면 아기 냄새, 아니 향기가 너무 좋다.

2003년 6월 10일

얼마 전에는 우연찮게 엄지 손가락이 아기의 입속으로 들어갔다. 아기가 엄지손가락을 쥐고 있었는데 입으로 가져 간 것이다. 엄지 손가락의 촉각으로 은샘이의 입 속을 느낄 수 있었다 참으로 신기했다. 이가 날 자리가 위아래 가지런히 있었다. 아이에 대한 또 다른 앎이었다. 그런데 이가 없는데도 무는 힘과 혀로 빠는 힘이 장난이 아니었다. 어른들은 이가 나려고 해서 그런다고 했다. 뭔가 자극이 필요한 것 같다.

그래서 별로 좋아하지도 않는 쪽쪽이를 물려주었는데 생각보다(불과 몇 초이긴 한데) 오래 입에 물고 있었다. '꽉꽉' 깨물기도 하고 혀로 '쪽쪽' 빨기도 하고 그런데 더 재미있는 것은 쪽쪽이가 재미없어져 뱉을 때이다. 그냥 입을 벌리면 되는 데 어른이 뭐 뱉듯이 그걸 뱉는다. 꼭 대포 날아가는 것 같아서 그것을 본 아내와 나는 한참이나 웃었다. 지난 일요일에는 수박을 빨아먹으라고 줬더니 빠는 것만으로는 만족을 못했는지 이도 없는 것이 수박을 베어 물고는 캑캑거리고 있었다. 아이들 크는 것이 금방이다.

어제는 퇴근해서 들어오니 엄마 등에 업혀 있던 아기가 나를 보자마자, 내가 웃지도 않았는데 눈이 초승달처럼 둥그레지며 웃는 것이었다. 정말 기분이 좋고 신기했다. 내가 웃어 주지도 않는데, 다른 데 보고 있다가 아기를 보면 아기가 나를 보고 웃고 있을 때가 가끔 있다. 이쁜 녀석 지금도 안방에서는 뒤집기를 하는지 아기가 힘쓰는 소리가 들린다.

힘은 얼마나 센지 우유를 안 먹으려고 허리를 쭉 펴며 버틸 때는 우유 먹이는 것을 포기해야 한다. 입으로 들어가는 손을 막는 것도 쉽지는 않다.

지난 6월 2일에는 아기의 머리를 빡빡으로 잘랐다. 자르기에는 조금 아까웠지만 배냇머리이고 처음이자 마지막이니까, 그리고 더워지는 때이니까 자르기로 했다. 미용사도 처음에 안 깍아도 된다고 했다가, 우리가 머뭇머뭇거리니까 그냥 첫머리니까 잘라줘도 괜찮다고 하면서 잘랐다. 바리깡으로 머리를 처음 밀었을 때는 순간적으로 놀랐다. 시커먼 머리가 순간 하얀 속살을 드러내는데 마음이 찔끔했다고 할까 '쿵'하는 소리가 내 가슴에서 들렸다. 일주일이 조금 더 지난 지금 금재 머리칼이 많이 자랐다. 윗머리는 색깔이 시커멓고 옆머리는 연한 것이 꼭 해병대 머리 같다. 배컴에서 해병대로 변신했다.

MEMO

MEMO